ボウイ
その生と死に

BOWIE★

CRITCHLEY
サイモン・クリッチリー

田中 純 訳

新曜社

ON BOWIE
(ORIGINALLY PUBLISHED AS BOWIE)
BY SIMON CRITCHLEY

わたしの初体験

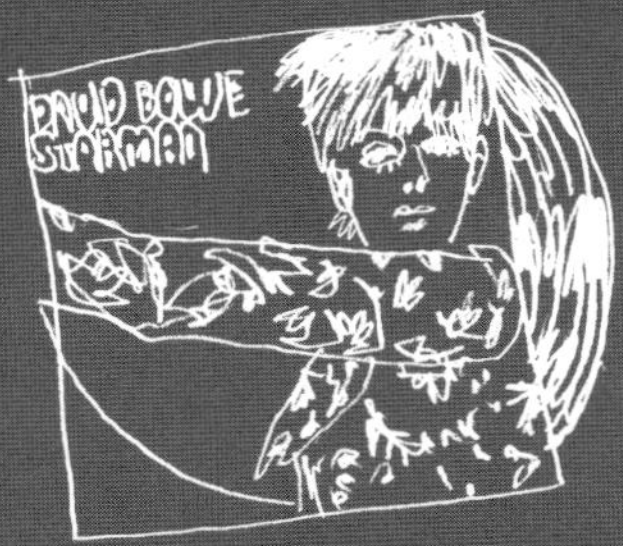

いささかまごつかせるような告白から始めさせてほしい。わたしの人生を通して、デヴィッド・ボウイ以上に大きな喜びを与えてくれた人物はいない。もちろん、たぶんこのことはわたしの人生の質について多くを語っているのだろう。誤解しないでほしい。素晴らしい瞬間は幾度もあったし、ほかの人びとを巻き込んでいた場合だってあった。しかし、数十年以上にわたって変わらず持続する歓喜となると、ボウイがわたしに与えてくれてきた喜びに匹敵するものはない。

すべてが始まったのは、ほかの多くの平凡なイングランドの少年少女たちにとってと同じく、一九七二年七月六日、ＢＢＣの伝説的な「トップ・オヴ・ザ・ポップス」でボウイが演奏した「スターマン」からだった。イギリスの住民の四分の一以上がその放送を見た。パンツスーツを着たこのオレンジ色の髪の毛の生き物がその腕をなよなよとギタリストのミック・ロンソンの肩に回すのを眼にしたとき、わたしは口をあんぐりと開けてあっけにとられてしまった。わたしを直撃したのは、その歌のクオリティというわけではなく、ボウイの外見から来るショックだった。それは圧倒的だった。彼はじつにセクシュアルでじつに機敏、とてもいたずらっぽく、そしてとても奇妙に見えた。気取っていながら同時に傷つきやすかった。彼の顔は秘密の約束に満ちているように見えた——それは未知の快楽の世界への扉だったのである。

数日後、わたしの母シーラは「スターマン」のレコードを一枚買ってきた。

彼女がその歌とボウイの髪の毛を気に入ったからにほかならない（母は南部に来る前にリヴァプールで美容師をしていて、「一九八〇年代後半からずっと、ボウイはかつらを付けているのよ」と独断的に言い張るのがつねだった）。ジャケットのかすかに威嚇するような、仰角撮影されたボウイの白黒のポートレート写真と、七インチ・シングル盤上のオレンジ色のRCAビクターのラベルを覚えている。

わたしたちがダイニングルームと呼んでいた場所で（もっとも、そこでわたしたちは食事をしていなかったのだけれど——なぜそうしようと思うだろう？——そこにはテレビがなかった）、何か理由があって、わが家のちっぽけなモノラル・レコード・プレイヤーを前にしてひとりきりだったとき、わたしはB面を聴こうとシングル盤をさっそく裏返した。「サフラジェット・シティ」を聴きながら自分の身に起こった肉体的反応をとてもはっきり覚えている。そのノイズがもたらした純粋に肉体的な興奮状態は、凄まじすぎてほとんど耐えがたいほどだった。その響きはまるで……セックスのようなものだったのだろうと思う。セックスがなんたるかをわたしが知っていたわけではない。わたしは童貞だった。わたしは誰ともキスさえしたことがなかったし、したいともまったく思っていなかった。ミック・ロンソンのギターがわたしの臓腑にぶつかってきたとき、それまで一度も経験したことがなかったような強烈で奇妙な何かを、わたしは自分の体内に感じた。婦人参政権論者の街《サフラジェット・シティ》とはどこだったのか？　わたしはどうやってそこに行ったのだろう？

わたしは十二歳だった。わたしの人生が始まっていた。

エピソード的点滅

「物語的自己同一性《ナラティヴ・アイデンティティ》」と或る人びとの呼ぶ見解が存在する。これは、人生とは一種のストーリーで、始まり、中間、そして終わりをもつという考え方である。たいていの場合、初期における何らかの決定的でトラウマティックな経験があり、中期にはひとつないし複数の危機があって（セックス、麻薬、あらゆるかたちの中毒がその役を果たすだろう）、ひとはそこから奇跡的に再生する。こうしたライフ・ストーリーはたいてい、地上には平和、すべての人びとには善意を、と願う、最期を前にした救いにいたって終わる。或る人物の人生の一体性は、そのひとが自分自身について語ることのできるストーリーの一貫性のうちにある。人びとはこうした営みを絶えず行なっている。それは回想録という観念の背後に存在するまやかしである。そのようなものこそ、出版産業に残されたもののかなりの部分を占める存在理由《レゾン・デートル》であり、この産業は創造的《クリエイティヴ》ライティングの講座というおぞましい奈落の世界から養分を吸い上げている。それに対抗して、そしてシモーヌ・ヴェイユとともに、わたしは脱創造的ライティングを信じている——絶えず上昇する否定の螺旋を通って進み、その終着点は……無《ナシング》であるような、つまり、どこにもたどり着かないような。

　わたしはまた、アイデンティティとはとてももろいものだとも思う。それは何か大きな物語的統一であると言うよりも、せいぜいのところ、エピソード的点滅の連続にすぎない。デヴィッド・ヒュームがはるか昔に証明したように、わたしたちの内的生は、おびただしい汚れた洗濯物のように記憶の部屋のあちらこちらに散らばっている、知覚のばらばらな束から成り立っている。このことがおそらく、テクストを一見したところランダムにハサミで解体し再結合する――そしてよく知られているようにボウイがウィリアム・バロウズから借用した――ブライオン・ガイシンのカットアップ技法が、いかなるヴァージョンの写実主義よりもリアリティによりいっそう接近していることの理由なのである。

わたしの人生に何らかの骨格を与えているエピソードの数々は、驚くほどしばしば、デヴィッド・ボウイの言葉や音楽によってもたらされている。彼こそが、わたしの知っているほかの誰とも異なるかたちで、わたしの人生をひとつにまとめ結びつけてくれているのである。たしかに、もしかしたら語れるのかもしれないほかの思い出やほかの物語もあるのだが、わたしの場合、十八歳のときに工場で経験した深刻な事故に続いて起きた記憶喪失のせいで、このあたりの事情が複雑になっている。手が機械に挟まれたあと、多くのことを忘れてしまったのである。しかし、ボウイはずっとわたしのサウンドトラックであり続けてきた。変わることなき、わたしの秘密の同伴者。良いときも悪いときも。わたしにとって、また、彼にとって。

印象的なのは、こんなふうに考えるのはわたしひとりだけとは思えないという点である。ボウイが、力強い感情的な結びつきを許し、自分たちを解放してくれる存在だった、そんな人びとの世界というものがあって、そこでは、何か別の種類の自分自身、より自由な何か、もっとクィアで、もっと誠実で、もっと開放的で、もっとエキサイティングな何かになれたのである。振り返って考えてみれば、ボウイは過去についての、その栄光と輝かしい挫折についての、しかしまた、現在における或る種の不変性と未来の可能性についての、いや、それどころか、より良き未来の要請のための、一種の試金石だったのだ。ボウイはどこかのロックスターなどではなく、バイセクシュアリティやベルリンのバーにまつわる、精彩を欠いたメディアの一連の常套句でもなかった。彼は恐るべきほどに長いあいだ、人生をほんの少し平凡ではないものにしてくれる何者かだったのである。

アートのみだらな《フィルシー》レッスン

一九六八年、ヴァレリー・ソラナスに銃で撃たれたあと、アンディ・ウォーホルはこう言った——「撃たれる前、わたしは自分が生きているのではなく、テレビを見ているだけなのではないかと疑っていた。撃たれてから、わたしはそう確信している」。一九七一年の『ハンキー・ドリー』に収められているウォーホルの名を借りた歌における、この発言に対するボウイの簡潔で鋭いコメントは、このうえなく的確である——「アンディ・ウォーホル、銀幕《シルヴァー・スクリーン》〔＝映画〕／まったく区別がつけられない」。アーティストとそのオーディエンスのアイロニー的自己認識は、彼らの非本来性をめぐるそれにほかならず、ますます意識的なレヴェルで反復されてゆく。ボウイはこのウォーホル的美学を繰り返し動員している。

アンディ・ウォーホルを銀幕から区別することの不可能性は、ボウイを繰り返し襲う、自分自身の映画の内部に閉じ込められているという感覚へとかたちを変える。それこそが「火星の生活？《ライフ・オン・マース》」の奇抜な着想であり、この曲は「ねずみ色の髪の毛の女の子」から始まり、彼女は「銀幕に引き寄せられる」。しかし、最後の詩節で、この映画の脚本家はボウイ自身ないし彼の分身《ペルソナ》であることが明かされる。わたしたちには両者の区別がまったくつけられないのではあるが——

でも、その映画は悲しくなるほど退屈で
なぜなら、ぼくがそれを十回かそれ以上書いたのだからそれがまたふたたび書かれようとしている。

人生と映画との融合は、反復を表わす修辞と助け合うことにより、退屈させられ、かつ、罠に嵌められているというメランコリックな感覚を喚起している。ひとは自分自身の映画のなかの俳優となる。これが「流砂《クイックサンド》」におけるボウイのひどく誤解されている詩行をめぐるわたしの理解である――

ぼくは無声映画のなかに生きている
夢のリアリティを備えた
ヒムラーの聖なる帝国を描きながら。

ボウイは国家社会主義を政治的術策《アーティフィス》〔「アート」と同語源〕として、芸術的でとくに建築的な構築物として、さらに映画的なスペクタクルとしてとらえるヒムラーの見解について鋭い認識を示している。ハンス＝ユルゲン・ジーバーベルクの言うところでは、ヒトラーとは「ドイツから来た映画《アイン・フィルム・アウス・ドイッチュラント》」である。ボウイの表現によれば、ヒトラーは最初のポップ・スターだった。しかし、映画のなかに閉じ込められた状態がもたらすのは、意気の昂揚ではなく、抑鬱と〔「宇宙空間の奇人《スペース・オディティ》」の主人公〕トム少佐に似た無為である――

ぼくは思考の流砂のなかに沈んでゆく
そしてぼくにはもう何の力もない。

「五年間《ファイヴ・イヤーズ》」で地球がもうすぐ死滅するというニュースを知ったのち、ボウイはこう歌っている――「そして寒くて雨が降っていて、だから自分が俳優みたいだった」。同様に、わたしが一番気に入っているボウイの歌のひとつである「アラビアの秘められた生《ザ・シークレット・ライフ・オヴ・アラビア》」（偉大な故ビリー・マッケンジーとブリティッシュ・エレクトリック・ファンデーションによる狂暴で猛烈なカヴァーがある）で、ボウイは次のように歌う――

あなたは映画を観ているに違いない
わたしの両眼のなかの砂
わたしは砂漠の歌を行き過ぎる
ヒロインが死ぬときに。

世界とは映画のセットであり、そこで撮影されている映画は『メランコリア』というタイトルかもしれない。ボウイのもっとも優れた、かつ、もっとも陰鬱な歌のひとつである「候補者《キャンディデイト》」は、「ぼくらは歩いて家へ帰るふりをしよう」という、あからさまな演技の表明から始まり、こんな詩行がそれに続く——「ぼくのセットは驚くべきもので、街路のような臭いさえする」。

アートのみだらな《フィルシー》レッスン〈『アウトサイド』所収の曲「心のみだらなレッスン《ハーツ・フィルシー・レッスン》」を暗示〉とは、徹頭徹尾、非本来性のことであり、一連の反復と再上演である。つまり、わたしたちがそのなかに生きているリアリティの幻想を剥ぎ取り、わたしたちを幻想のリアリティに直面させるまがい《フェイク》物なのだ。ボウイの世界とは『トゥルーマン・ショー』のディストピア・ヴァージョンのようなものである。そこはこの世界の病んだ場所であり、「アラディン・セイン」や「ダイアモンドの犬たち」の廃墟化した暴力的都市風景のなかに強烈に表現され、より繊細なかたちでは「ワルシャワ」や「ノイケルン」の荒涼としたサウンドスケープのうちに表わされている。イギー・ポップによる『ラスト・フォー・ライフ』の〔「ザ・パッセンジャー」の〕言い回しを借りれば〔それ自体アントニオーニの一九七五年の映画〔『さすらいの二人《ザ・パッセンジャー》』〕から借用されている――とはいえ、ボウイはその暗黙の参照対象かもしれないのだが〕、ボウイは街の引き裂かれた舞台裏を乗り物で行き過ぎる通過者《パッセンジャー》なのである――晴れわたった虚ろな空の下を。

ワンダフル

平凡な少年少女たち、たぶんとくに少し疎外された子供たち、退屈していて、あるがままの自分であることにひどくばつの悪い思いをしている子供たちとつながることができた、ボウイの力の源は何だったのだろう？　明確な答えが「ロックンロールの自殺者」で与えられている。『ジギー・スターダスト』の最後の曲であり、ボウイがショーの多くを締めくくるために使った歌である。この歌のクライマックスはこうだ――

ああ、いや違うんだ、いとしいひと！　きみはひとりじゃない
きみがいままで何であり誰であったとしても

きみがいままでいつどこで何を眼にしてきたのだとしても
あらゆるナイフがきみの脳髄を切り裂こうとしているかのようだ
ぼくにはぼくなりの経験があった、ぼくはきみのその痛みを癒やそう
きみはひとりじゃない

ぼくと一緒にただ陶酔しよう、それにきみはひとりじゃない
さあ、ぼくとともに陶酔しよう、そしてきみはひとりじゃない
(素晴らしい《ワンダフル》)

ジギーとしてのボウイは、少年/少女、人間/異星人《エイリアン》、ゲイ/ストレートといった、既存社会の支配的な諸規範を拒絶した。彼はアウトサイダーであり、異星人、訪問者《ヴィジター》だった(「訪問者」とは、ボウイが一九七六年の映画『地球に落ちてき

た男』で演じた、人間そっくりの異星人トーマス・ジェローム・ニュートンが——故郷への投壜通信として——自分のアルバムに付けた題名である）。ジギーはその自殺者の歌のなかで先ほどのように、愚かしくも複雑にもつれ合い、自傷的で郊外特有の混乱のうちにあったわたしたちに手を差し延べ、きみたちは素晴らしい《ワンダフル》と言ってくれたのである。散在するさまざまな集落《ハムレット》、町や都市で、愛のない地獄を生き延びている数百万の自意識過剰なミニ・ハムレットたちが、こうした言葉を聞き、自分たちが許されていることに驚愕したのだ。わたしたちは自分たちの手を伸ばすだけでよかった。わたしたちはそうした。そのアルバムを買ったのである。

ハイデガー流の退屈論で退屈にさせるわたし

もしボウイのアートが非本来的なものなのだとしたら、もしそれが、オーソン・ウェルズであれば言ったかもしれないように、「まがい物《フェイク》のF」〔ウェルズの映画のタイトル〕なのだとしたら、それはまた、にせ物《ファルスフッド》のFでもあるのだろうか？　何年も前に読んだロバート・フリップのインタヴューを思い出す。そこで彼は、一九七〇年代後半のスタジオでボウイをじっと見つめていたときのことについて物語っていた。ボウイは録音テープかテープループを聴きながら、とても注意深く、繰り返し繰り返し、明らかに意図的に、そしてきわめて長い時間をかけて、自分の声に正しい情感を生じさせようと努めていた。これほど作為的なまがい物《フェイク》があろうか？　真の音楽とは心から直に発し、声帯を経て上昇し、待機している、貝殻に似たわたしたちの耳に達すべきものではなかったのだろうか？　ところが、ほかの人びとも認めてきたように、ボウイの天才は、声という媒体を通して、気分《ムード》と音楽を綿密に一致させるところにあるのだ。

もしもわたしが実際よりもさらにいっそうハイデガー流の退屈論で退屈させる人物だったならば、わたしたちは声（ドイツ語のシュティムメ）と気分《ムード》（シュティムング）のあいだの結びつきについて語ることができるだろうに。その結びつきはひとつの世界がわたしたちに対して開示される基礎的作用であり、そこで世界はそのうえさらに、合理的によりもむしろ情緒的に開示されるのである。ボウイの天才とはそれゆえ、ドイツ語のアウスレーグング、すなわち、何ものかを外へ出して置く《アウスレーゲン》という意味における解釈のひとつであり、それはわたしたちをハードにあるいはソフトに打つことができるような仕方で、その何ものかをわたしたちと調和させたり、あるいは、わたしたちのために響き高く響鳴させたりするのである。

しかし、こうした考え方には重大な警告を付しておく必要がある。ボウイのそれのような音楽は、世界との一種の既存の調和をどうにかして情動的に人間に思い起こさせる方法ではない。それでは陳腐で、文字通り、この世〔界〕《マンデーン》的〔＝ありふれたもの〕になってしまうだろう。ボウイはむしろ、世界の一種の脱世界化を可能にする。それは、世界内の万物の「調子が合っていない《シュティムト・ニヒト》」こと――すなわち、万物がそれ自体と一致したり調和したりしていないということを示すような、気分《ムード》、情緒《エモーション》、あるいはシュティムングの経験である。この意味で、音楽とは世界との不調和であり、それは或る種の脱世界化、物事をユートピア的な光のうちに見ることを許すであろう退隠をもたらすことができる。

何年もボウイを聴いてきた者なら誰でも、彼の演じるお馴染みのキャラクターたち全員が有する、ほとんどヴォードヴィル的、ないし、パントマイム的な性質には完璧に精通している。どのキャラクターもほかとは区別された声をもっている——気の利いたコックニー英語かその真似をするトニー・ニューリー（イギリスの歌手・俳優のアンソニー・ニューリー）、つまりほかでもない、あの血に飢えた《ブラッディ》（＝とんでもない）「笑う土鬼《ノーム》」（ニューリーの影響を受けたボウイの曲）から、シド・バレットの智天使《ケルビム》のような、マスカラを付けたアングロ・シュルレアリスムまで、スコット・ウォーカーの暗く、グレイビーソースのように豊かな最低音部《バッソ・プロフンド》、ずっと声の高いイギー・ポップ（ボウイによるイギーのものまねのいくつかについて、自分が誰よりも熱烈なファンだとまで言うつもりはない）、気息音の混じる白人のソウルボーイ、そしてさらに、擬似オペラ的、ないし、讃美歌的でさえある「言葉を一翼に載せて《ワード・オン・ア・ウィング》」における歌声にいたるまでの。こうしたキャラクターのヴァリエーションやそのほかのたぐいが、アルバムごとに次々と登場するのである。わたしたちは愚かではない。それらがすべてまがい物《フェイク》であることをわたしたちは知っている。

では、こうしたまがい物《フェイカリー》のすべてから、何か真実なものがどうやって生じるのだろうか？　こんなふうに答えるひとがいるかもしれない――そうした何かはまさに生じているのであり、あなたはその何かをまさに感じている（あるいは感じていない――結局のところ、趣味、とくに悪趣味についての説明というものは存在しない）ではないかと。「変化《チェンジズ》」の有名な詩行を引用しながら――

それで自分自身に向き合ってみたけれど

他人たちがいかさま師《フェイカー》を見るに違いないような
そんな視線をぼくは一度もとらえなかった
ぼくはそうしたテストを受けるにはあまりに迅速すぎるんだ

自分自身に向き合うとは、自分の本来的《オーセンティック》な主体性に対面することではない。それは無を見ること、一瞥さえしないことなのである。ウォーホルは銀幕である。それを壁にかけたまえ。その背後には何も隠されていない。他人たちはこれをまがい物《フェイカリー》と見なすかもしれないが、みずから傲慢にも、しかしかなり正確に報告しているように、ボウイははるかに迅速なのである。彼はすでに何か別の形式に移行してしまっているのだ。

ボウイの真理は非本来的であり、完璧に自意識的で、徹底的に構築されている。しかし、依然としてそれは正しく、ドイツ語で「その通り《エス・シュティムト》」と言いうるものであって、言い換えれば、それは正しいという感覚、調和がとれている状態の性質を備えている。わたしたちはそれを聞き取り、「イエス」と言う。じっと黙って、あるいは、ときには大きく声に出して。ボウイの声のサウンドはわたしたちの内部に共鳴を生む。それは肉体的なこだまを見出す。しかし、共鳴は不協和音を招く。或る位置を占める共鳴する物体は——テーブルのうえのグラスのように——ほかの物体を震えさせ、突如として床全体が砕け散ったガラスで覆われる。音楽は反響して鳴り響き、世界とは対立せよ、とわたしたちに呼びかけ、共通的不一致《ディスセンスス・コムニス》という、共通感覚《コモン・センス》とは対立する社交性を経験するようにとうながす。まがい物を通して、まがい物のおかげで、わたしたちは自分自身を越えたところ、存在の何か別の仕方をめぐる想像力へとわたしたちを導く真理を感じるのである。

ボウイの天才はわたしたちに、本来性を真理へ結びつけているように見える表面的なつながりを断ち切ることを許す。ボウイのアートに応じた真理が存在する——気分《ムード》的な真理、耳で聞く真理、感じられる真理、肉体化された真理が。肉体によって、肉体の内側で聞き取られる何ものか。歌声と音楽のトーンは筋緊張《トーヌス》あるいは肉体の筋肉組織の内部で感じ取られる。音楽的緊張は筋肉的であり、上昇しては落下する、快楽の前進する波打つビートのうちにあるのだ。

ユートピア的な何か

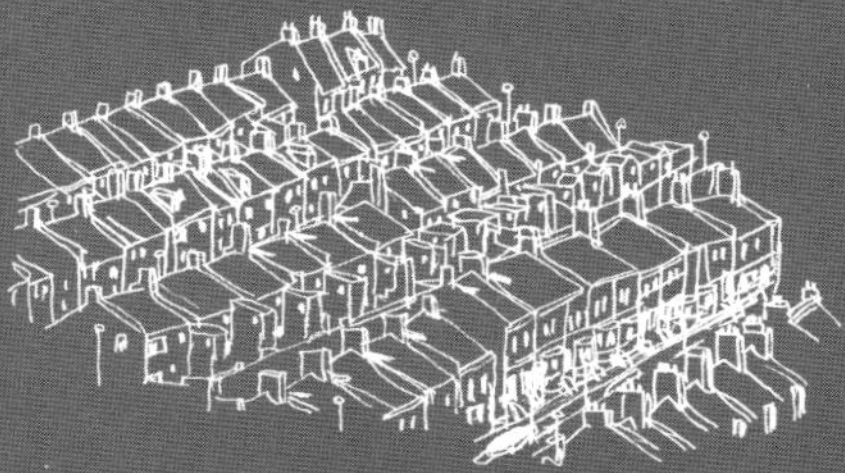

ボウイはユートピア的な何かの化身だった。つまり、ブロムリー、ベックナム、ビレリッケイ、ベイジングストーク、ブレインツリーあるいはビッグルスウェイド〔いずれもBから始まるイングランドの行政区名〕といった郊外のひどい場所で生きてゆくうえでの、何か別の方法だった。それはストリート・ライフの何らかの反映などではなかった。そんなものにわたしたちがどうして興味を抱いたりしただろう？　人生は決まりきっていて、灰色で、狭苦しく、味気なかった。わたしたちの両親は一九六〇年代のおかげで深刻なほど道徳的に混乱しており、情事を重ね、離婚して、フレアパンツを履いていた。わたしたちはすっかり退屈していた。退屈しきっていた。アッパーミドルクラスの連中には、両親との冬のスキー旅行とか、ボルボで行くフランス・ドルドーニュのツアー旅行のあとにでも、ストリート・ライフを謳歌させておこう。ボウイが体現していたのは何か別のものであり、とくに知的欲求不満になっていた平凡な少年少女たちにとってはそうだった。それはありえないほど魅惑的《グラマラス》で変わった何かだった。それはストリートを拒否していた。

ジョン・サヴェージが正しく指摘している通り、ボウイはいかなる種類のリアリズムとも関係がなかった。彼の成功は低予算のSFの潜在的な活力と結びついていた（アイザック・アシモフよりもマイケル・ムアコック、『スター・トレック』よりもむしろ『火星人地球大襲撃』である）。その活力こそ、グラム・ロックやパンク、ポスト・パンクの宇宙少年・少女たちが、突飛でしばしばお手製のいささか安っぽい服装を身にまとって駆け抜けることになる、廃墟化した風景のテンプレートだったのである。それこそ、ニコラス・ペッグが辛辣なフレーズのなかで「首都近郊の黙示録」と呼んでいる風景であり、牛乳配達車《ミルク・フロート》や当時のロンドンを取り囲んでいた精神病院が完備されていた。

ほかの人びとが指摘してきた通り、ボウイは奇人変人たちに語りかけた。しかし、結局明らかになったのは、わたしたちのような存在は大勢いたということだった。こうして疑問が残された。つまり、正確には誰がインサイダーだったのか？　かなりのちになって、ボウイは彼らを指す新しい言葉を見つけた。それが「ヒーザン〔異教徒、異邦人、不信心者〕」である。わたしたちは断じてヒーザンになりたくなかったのである。

見者《シーア》は虚言者《ライア》である

ボウイの歌詞について考えてみよう。わたしたちは――そもそもの最初から――それらを自伝的に読まざるをえないように見える――わたしたちを「リアルな」ボウイ、その過去、トラウマ、愛、政治的見解の何かいかにもそれらしい《オーセンティック》〔＝本来的な〕印象へと導いてくれる手がかりおよび痕跡として。わたしたちは彼の歌を彼の人生に向けて開いた窓のように見なしたくてたまらなかったのである。しかしこれこそまさに、ボウイを少しでも誤解しないように努めたいならば、わたしたちがあきらめなければならないことだ。わたしたちが嫌と言うほどわかっているように、彼はさまざまなアイデンティティをわがものとしていた。その才気煥発さゆえに彼は、一曲の歌のあいだはほかの誰かになることができたし、ときにそれは一枚のアルバム全体や、あるいはツアーのあいだずっとという場合さえあった。ボウイは腹話術師だった。

これは一九七三年、ハマースミス・オデオンの舞台上でジギーとともに死んでしまった戦略ではなかった。それはボウイの最後の二枚のアルバム、『ザ・ネクスト・デイ』と『ブラックスター』にいたるまでずっと続いたのである。『ザ・ネクスト・デイ』で歌の多くは別人のアイデンティティから書かれている——「ヴァレンタインズ・デイ」のように、恐ろしくも愚かな銃乱射事件の犯人だろうと、最後の曲「熱《ヒート》」の謎めいた語り手だろうと。後者にはおそらくこのアルバムのなかでもっとも力強く、もっとも遠回《オブリーク》しな歌詞が与えられており、それは牢獄を運営しているのか、あるいは、自分たちの家を牢獄に変えてしまった父に対する息子の憎しみをテーマとしている。そこには三島の『春の雪』に対する明らかなほのめかしと次のような人目を引くイメージがある——

そしてわたしたちは三島の犬を見た
岩の狭間にとらわれて
滝の流れを塞いでいるのを。

ボウイは繰り返し、「そしてわたしは独り言を言う、自分が何者なのか知らないと」と歌う。この歌は「わたしは見者《シーア》、わたしは虚言者《ライア》」という詩行で終わる。それにわたしたちはこう付け加えられるかもしれない——ボウイは虚言者だからこそ見者なのだ、と。ボウイのアートの真理内実はそのまがい物性によって損なわれてはいない。それによって可能にされているのである。

別の言い方をすれば、ボウイは「遠回しな戦略《オブリーク・ストラテジーズ》」を通して真理を引き出すのである。これはブライアン・イーノがアーティストのピーター・シュミットと共同で一九七五年に制作した百枚以上のカード一式に与えられた名である。たとえば、「V－2シュナイダー」（このタイトルは、一九四四年にロンドンの各所で多くの人びとを殺戮したミサイル、V－2ロケットと、クラフトワークの二人のコア・メンバー――ラルフ・ヒュッターとフローリアン・シュナイダー――を指す we two（ウィ・トゥー）との語呂合わせである）のレコーディングの最中、ボウイは思わずオフビートでサックスを演奏し始めた。レコーディングの直前に、彼は「オブリーク・ストラテジーズ」の一枚のカードを読んでおり、そこには「エラーを隠された意図として尊重せよ」と書かれていたのである。こうしてこの曲が生まれた。ボウイの歌詞はこれに似た遠回し《オブリーク》なものの規則との関係で理解される必要があるのだとわたしは主張したい。
私見によれば、本来性とは、わたしたちが癒やされる必要のある、音楽にかけられた呪いである。ボウイはその癒しの助けになってくれた。彼のアートは根本的に作り物の、再帰的に自覚的な幻想の砂糖菓子であり、そのまがい物性は虚偽なのではなく、感覚的な肉体的真理に仕えるものなのである。彼が「流砂《クイックサンド》」で歌っているように――

きみ自身を信じるな
信念によって欺くな。

この点をもう少し推し進めれば、もっとも演劇的で飾り立てた不条理な音楽こそはまた、もっとも真実な音楽でもあるのだろう。それこそがわたしたちをわたしたち自身から、この世界における存在の陳腐な事実から、救うことができるものなのである。そのような音楽、ボウイの音楽は、わたしたちを自分たちが誰であるかという事実への釘付け状態から脱出させ、自分たちであることから脱出させることができる。一瞬のあいだ、わたしたちは奮い立たされ、高揚させられ、ものの見方を変えてもらうことができる。最高のレヴェルにあるときに歌は、言葉、リズム、そしてしばしば単純で童謡のようなメロディによって、わたしたちが人生と考えている何ものかの点と点とを連結し始めることができる。エピソード的点滅。それらはまた、わたしたちに別の人生を考えさせることもできるのである。

わたしたちのアイデンティティと同じくらいもろく非本来的であることによ

って、ボウイは、わたしたちに自分自身の再発明が可能であると信じさせてくれた（そして、いまだに信じさせている）。実際に、わたしたちのアイデンティティがそれほどまでにもろく非本来的であるからこそ、わたしたちは自分自身を再発明できるのである。ボウイが一見したところ際限なく彼自身を再発明していたかのようであったからこそ、彼はわたしたちに、変化のためのわたしたち自身の可能性は無限であると信じさせることができたのだ。もちろん、わたしたちが何者であるかの再形成には限界――深遠な限界、死による限界――がある。しかしどういうわけか、彼の歌を聴いていると――いまでさえ――たぐいまれな希望が聞こえてくるのである――わたしたちは孤独ではないし、この場所からは脱出できると。ただ一日だけなら。

無を堅持すること

〔＝何ものにもすがらぬこと〕

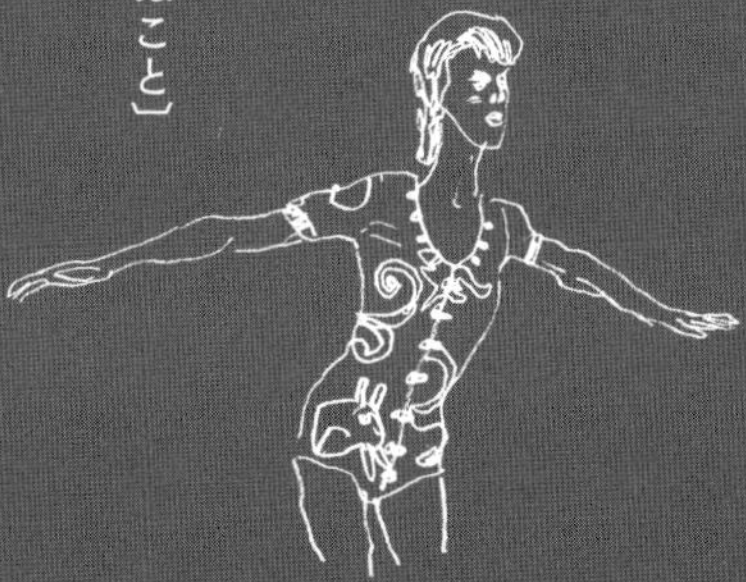

わたしが十二歳だった頃のことに戻ろう。わたしにはまったく言葉にすることができなかったけれど（わたしは言葉を数多く持ち合わせてはいなかったし、わたしの家族はサッカーやテレビ、それに突然ヘゲモニーを握った新聞の『ザ・サン』と〈殺されるまでけっして死なない〉『ニュース・オヴ・ザ・ワールド』（『ザ・サン』の日曜版、二〇一一年廃刊）以外についてはめったに話さなかった）、ボウイはわたしたちに、少年、少女、あるいはまったく異なる何ものかであるための別の道を示してくれた。ジギーとしてのボウイはセクシュアリティを、深く官能的だが洗練されており、明らかにみだらだが垢抜けてもいる方法によって定義し直した。それは一種の頽廃的な禁欲主義だった。どのようなセクシュアリティが提示されようとも、それはわたしたちの両親が、粒子の粗い下手な照明の映画のセックス・シーンだとか、アレックス・コンフォートの『性の悦び《ジョイ・オヴ・セックス》』中の恐ろしいほど毛むくじゃらなイラストを通してなじんでいったたぐいの、ヤバい一九六〇年代タイプではなかった。これは異星人《エイリアン》のセックスの一種であり、文字通り、『地球に落ちてきた男』のセックス・シーンのようなものだった。このシーンでトーマス・ジェローム・ニュートンを演じたボウイは、自分のまぶた、乳首、生殖器を外し、その真の異星人の姿をガールフレンドのメリー＝ルーに見せる。彼女は完全に恐怖に襲われてしまう。彼らは二人とも酔いつぶれることに決める。

異星人《エイリアン》との遭遇を通して疎外《エイリエネーション》との出会いがあった。わたしにとってそれは、異星人を愛することにより、すでに疎外されているセクシュアリティのなかへと入り込む方法を学ぶことだった。のちにボウイのジギー以前の時代のカタログをさかのぼったとき、わたしたちはこうした「奇妙な存在と向かい合う」状態を「チェ、チェ、チェ、チェ、チェンジズ」と呼ぶことを学んだ。何と言えばいいだろう？　それはわたしがそれまで経験した何ものにも似ていない感覚をもたらした。たしかに、アンドロギュノスと少年／少女の浮游するアイデンティティをめぐるこの比喩表現の全体は、ブリティッシュ・グラム・ロックの惨憺たる事態のなかで、スウィート、ゲイリー・グリッター、そして忌まわしいマッドといったバンドによって完璧に通俗化されてしまった。「きみは母親を混乱させた／だって彼女はきみが男の子なのか女の子なのかわからないのだから」という歌詞を含むボウイの「反抗《レベル》、反抗《レベル》」が一九七四年初頭にリリースされた頃にはすでに、ゲームが終わっていたことは明らかだった。愛情の込もった懐かしさを感じさせるトッド・ヘインズの映画『ベルベット・ゴールドマイン』（一九九八年）は、この数年間のムードをまったく正しくとらえている。

ボウイの創造的／破壊的な天才の発揮された大胆な芝居《アクト》はとてもシンプルなものだった。わたしのような数百万の子供たちに何かニーチェ的な超人像《ユーバーメンシュ》としてのジギーの幻想を信じ込ませた挙げ句に、彼は自分自身を破壊したのである。彼はジギーを一九七三年七月三日にハマースミス・オデオンの舞台上で殺した。一九七二年の「トップ・オヴ・ザ・ポップス」登場一周年の三日前だった。ジギーはほとんど一年ももたなかったのである。超人《スーパーマン》の幻想を作り上げたのち、彼は風船みたいにそれを破裂させたのだ。

もちろん、その頃にわたしたちが子供ではなく、あるいは、ボウイと同じくらい賢かったならば、こうした事態の到来を見通せたことだろう。『世界を売った男』——わたしの見解では、重要だが誤解されているアルバム——は「超人たち《ザ・スーパーメン》」という曲で終わる。ボウイは問いかける、ニーチェ的な超人たち、人間的条件ののちに残されたこれらの生き物とは何者なのか、と。楽園からははるかに遠く、エデンの東に向けた途上で、彼らが営むのは——

悲劇的な限りなき生
荘重で邪《よこしま》な静穏のなかであえぐことも嘆息することもできず
生に鎖で繋がれた不可思議な存在。

超人に与えられた人間を超えた限りなき生とは残酷な拷問である。彼が渇望するのは死ぬチャンスのみなのだ。

ここでわたしたちは、ボウイの作品におけるひとつの生産的な緊張関係を目撃し始めている。一方で、超人をめぐるファンタジーは自分が手に入れることのできないもの、すなわち死のみを渇望するという悲劇的な災厄である。それゆえにジギーの自殺は、そのファンタジーを経験によって横断したうえでの、そこからの一種の解放である。他方、ボウイが同じく『世界を売った男』の「結局は《アフター・オール》（＝すべてののちに）」で書いているように、「人間とは障害物であり、道化のように悲しい（おお、誓って）」。

人間的条件の克服は災厄だが、人間は依然として障害物である。わたしたちは人間的、あまりに人間的なのであり、いまだにこの条件を克服したいと切望している。ボウイの作品の多くはこのディレンマのまわりを憑かれたように旋回している。

このような緊張とそれが招き寄せる不安や不穏とともに、かつ、それらのただなかで、どのように生きることができるだろう？　「結局は」の次のフレーズが啓示的である――「そう、何ものにもすがらない（＝無を堅持する）ことだ、そうすれば彼がきみを裏切ることもない（おお、誓って）」。わたしはこの無《ナシング》という形象を堅持したい。なぜなら、わたしはそれがボウイの作品の持続的特徴を理解するための手がかりをわたしたちに与えてくれると考えるからである。無という言葉は、彼の歌詞とそれらの歌詞が際立たせようとする情動のなかに繰り返し登場し続けている。たとえば、「「ヒーローズ」」でボウイは歌う――「わたしたちは無《ナシング》であり、無《ナシング》がわたしたちを救える（＝何ものもわたしたちを救えない）のである」と。

ボウイの音楽の核心にあるのは、無の経験の高揚であり、無を堅持しようとする試みである。このことはボウイがニヒリストであることを意味しない。その反対《オ・コントレール》である。

宇宙空間のハムレット

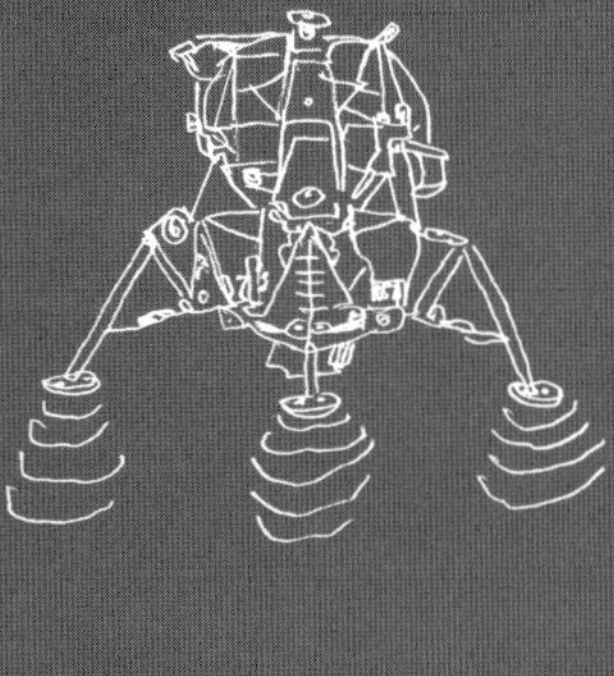

評価の低い、一九六九年のボウイの最初のヒット曲「宇宙空間の奇人《スペース・オディティ》」を考えてみよう（奇人《オディティ》あるいは奇妙《オッド》な小曲《ディティ》——ニコラス・ペッグに従い、この曲の主人公のトム少佐《メージャー》とはトム・メージャー、つまり、かつてのイギリス首相ジョン・メージャーの父親（ミュージックホールやサーカスの芸人として活動した）であると考えるのは魅力的な仮説ではある。若きデヴィッド・ジョーンズ、のちのボウイが生まれたブリクストンでは、トム・メージャーの名はさまざまな演芸場のポスターに登場していただろうという）。トム少佐は宇宙空間に行き、メディアで消費される商品となる。（「新聞屋たちはきみの着ているシャツのブランドを知りたがっている。」）しかし、人間的条件が有する地球的限界を越えたことに狂喜する代わりに、トム少佐はメランコリックな無為に引きこもってしまう。

一九六九年七月のアポロ十一号月面着陸という壮大な政治的喜劇は、「宇宙空間のハムレット」という一幕ものの悲劇的笑劇となる。けれど、憂鬱に囚われたデンマーク人とは異なり、トム少佐の自殺願望はいかなる超越的な神への訴えによっても裏書きされてはいない。舞台上におけるハムレットの冒頭のせりふはこうだ――「永遠なる者が自殺を大罪とする／掟を定めなかったらよかったのだ」（ボウイは一九七四年の「デヴィッド・ライヴ」ツアーのあいだ、「気のふれた男優《クラックト・アクター》」を歌う際、ヨリックの髑髏を手にハムレットを演じて、素晴らしい効果を上げていた）。これに対し、トム少佐は力なくこう唱える――

ぼくはとても静かな気分だ

そしてぼくの宇宙船はどこへ向かって行けばよいか知っているようだ
とても愛していると、ぼくの妻に伝えてほしい
彼女がわかっているように。

宇宙空間に行くことは成功間違いない自殺の試みに通じており、それは最終的にトム少佐を、無を堅持する〔=何ものにもすがらない〕、無為の状態にゆだねるのである。

惑星地球は青い
そして、ぼくにできることは何もない〔=ぼくにはなしうる無が存在する〕。

一九八〇年の「灰《アッシェズ・トゥ・アッシェズ》は灰に」は、見事なほど反省的な身振りで、「宇宙空

間の奇人」中のこの瞬間に関するわかりやすい注釈を提供している――

灰は灰に、ファンクはファンキーに
わたしたちはトム少佐が麻薬中毒《ジャンキー》だと知っている
天上の高みにひも付きで飛ばされ
かつてないどん底《ロウ》を知る。

言うまでもなく、これらの言葉は自己言及的であって、「かつてないどん底《ロウ》」とは、ボウイの一九七七年のアルバムのタイトル『ロウ』であると同時に、そのアルバムが記憶に呼び起こすとともにそこから逃れようとしている経験、すなわち、麻薬中毒を原因とする抑鬱のことでもある。トム少佐はプロテインの錠剤以上の何かをむやみに摂取していたことが明らかになるだろう。

「宇宙空間の奇人」の至福の無為の裏面が、空で待っている「スターマン」の救世主《メシア》的約束である。その歌詞によれば、「彼はぼくらに会いに来たがっている」のだが、歌はさらに続いて、スターマンは「自分がぼくらの心を狂わせるだろう」と考えている。それゆえに、わたしたちはスターマンと直接の接触はもたない。わたしたちは彼の預言者であるジギーから彼について伝え聞くだけだ。要するに、救世主はやって来ず、神人の贖罪の聖体皿《パテナ》〔キリスト教のミサで聖別されたパンを置く皿〕をもつ者は、それがジギーであれトム少佐であれ、あるいはまさにボウイそのひと自身であれ、死ななければならないのである。

ディストピア——ここで手に入る《ゲット・イット・ヒア、》もの《シング》

イギリス・ポピュラー音楽史上もっとも奇妙な出来事のひとつに、一九七一年のUKヒットチャートでかなり善戦した、ピーター・ヌーン（Noone）による「ああ、愛しきものたち《オー・ユー・プリティ・シングス》」のカヴァー・ヴァージョンがある。ヌーンは奇抜な名だが非常な成功を収めたハーマンズ・ハーミッツのフロントマンだった。（Nooneというこの名は素晴らしいことに「no one（誰でもない）」と分割できる――それは単眼の巨人《キュクロプス》ポリュペモスに問われ、オデュッセウスが名乗った名（ギリシア語で「誰でもない」の意の「ウーティス」）に少し似ている。）ヌーンは、ニーチェの『ツァラトゥストラ』への参照に満ちたボウイの歌詞に対して、まったく大胆なほど、理解の欠如をさらけ出していた。もう少し正確に言えば、この歌はホモ・サピエンスの無用さとホモ・スペーリア〈優れたヒト〉に道を譲る必要性を主張している。たしかにこうした点は、かなり安っぽく、イギリス風でもある、BBC放送の『ドクター・フー』的ヴァージョンの未来像のうちにすっかりはめ込まれてしまっている。しかし要するに、地球外の異星人たちがわたしたちの子供たちを非人間的な未来へ連れ去ろうとやって来たことは十分はっきりしている。わたしたちにとって、悪夢は始まったばかりであり、「ぼくらは自分たちの消息《ニュース》を終えた」のである。

何よりも滑稽だったことに、ラジオの検閲を恐れてヌーンは、ボウイの「地球は雌犬《ビッチ》〈あばずれ女〉だ」という歌詞を一見したところもっと明るく響く《アップビート》「地球は畜生《ビースト》だ」に入れ替えた（しかし、雌犬《ビッチ》は畜生《ビースト》じゃないか、と皮肉を言われるかもしれない）。ボウイのもっとも重要な作品の基礎であり常数、その根底をなすのは、世界は搾取され、消尽され、年老いて疲弊している、ということである。地球は新しい主人に鞭打たれることを待ち望んでいる、死にかけた犬である。ボウイのヴィジョンは終始ディストピア的なものだ。このことは「五年間《ファイヴ・イヤーズ》」のプレ黙示録的メランコリーや、あるいは、「ドライヴ・インの土曜日」のようなまさにポスト黙示録的ヴィジョンのうちに聞き取ることができる。後者では、核兵器による破局の生存者たちが米国西部の砂漠にある巨大なドーム内に暮らしており、彼らが日常生活だったと思い描いているものを戦前と同様に再演するために昔の映画を用いている——「ぼくらが見たヴィデオ・フィルムのように」。しかしもちろん、この再演によって生み出されるのは過去ではなく、一九五〇年代のロマンチックな映画の陳腐でくだらない代物であり、そこでは「彼の名はいつもバディ」なのだ。

しかし、もっとも深遠で拡がりのあるディストピア的ヴィジョンは、一九七四年四月の『ダイアモンド・ドッグス』——ピーター・ドゲットがボウイによる「文化的崩壊の暗鬱な考察」と呼んでいるもの——におけるガイシンのカットアップ技法の導入後に現われてくる。ボウイの音楽的発展についてわたしたちがどのような判断を下そうとも、『ダイアモンド・ドッグス』こそはあらたな領域へ向けた勇気あるコンセプト上の一歩だった。思うに、このアルバムでボウイはようやくジギーの亡霊から自分を解放したのであり、一九八〇年の『スケアリー・モンスターズ』にいたるまで続くことになる、一連の豊かで急速な美的変容を開始したのである。ローリング・ストーンズへの明白かつ反復的なオマージュの身振り——とくにボウイの、素晴らしく見事にクラッチをかけ、わずかにひねり《ツイスト》を加えたキース・リチャーズのギターの模倣によるもの——にもかかわらず、このアルバムはかつてロックンロールであったものをことごとく押し退け、それを切り刻んでばらばらにし、ついには墓地へと運び去ってゆく――「これはロックンロールなんかじゃない。これは大量虐殺《ジェノサイド》だ。」

　地元のレコード店のウィンドウにあった、なかばグレート・デン、なかば人間のボウイが身を伸ばしているこのアルバムのジャケットを、数時間にも思えるほど長いあいだ見つめていたことを思い出す。そのあと、試聴ブース〔当時はまだそんな場所があった〕で、わたしはオープニング曲「未来の伝説《フューチャー・レジェンド》」を聞いた。そのブースのなかでは狼たちの遠吠えが、母のもっていたシナトラのアルバムの一枚で聞いて知っていた、「魅惑され、悩まされ、途方に暮れて《ビウィッチド・バザード・アンド・ビウィルダード》」の旋律と一緒に流れていた。

　二方向に切れる十八インチ〔約四十五センチ〕のボウイ・ナイフを携えた窃盗

団――パンクの暴動の日々に、荒廃したさまざまなイギリスの都市の街路に繰り出す、郊外の少年少女たちの先触れ――が登場する、バロウズの『ワイルド・ボーイズ』から霊感を得て、『ダイアモンド・ドッグス』は「未来の伝説」の予言とともに始まる。ボウイの言葉もまた二方向に切れる――

鼠の大きさの蚤たちが猫の大きさの鼠たちの血を吸っていた
そして一万の人間もどき《ピープロイド》たちは小さな部族へと分裂した
彼らはほかのどこよりも高い不毛な摩天楼を必死に手に入れようと
犬たちの一群のように、ラヴ・ミー街のフロントグラスを襲い、
ミンクや光沢《つや》のある銀狐を引き裂いては包み直し、レッグウォーマーの
　出来上がりだ
サファイアや砕かれたエメラルドでできた一族の紋章

時はいまやダイアモンドの犬たちの年。

ボウイには廃墟化した世界、すなわち、文明の完全な崩壊のヴィジョンがある。ここにはジェントリフィケーション（その黄昏に生きしことは無上の喜び（イギリスの詩人ウィリアム・ワーズワースの詩「フランス革命」の一節のもじり））に先立つ都市空間のイメージ、犯罪と倒錯した消費主義の空間がある。浮浪者がダイアモンドを身につけ、銀狐の毛皮がレッグウォーマーとなり、宝石でできた紋章のエンブレムは、フリークス的人間もどきたちのまわりに飾られる豪華な屑と化すのである。

編み物をする女たち《レ・トリコトゥーズ》

ボウイのアルバムではしばしば、古くなった皮膚のように脱ぎ捨てられつつある音楽様式の残滓が、将来の作品で表現を得ることになる何か新しいものの予兆のかたわらに存在している。『ダイアモンド・ドッグス』の場合、「反抗《レベル》、反抗《レベル》」と「ロックンロール・ウィズ・ミー」がそうした過去に属し、「一九八四年」の、アイザック・ヘイズふうのワウ・エフェクトのかかったソウルフルなギターは、ほぼ間違いなく将来の『ヤング・アメリカンズ』を指し示している。しかし、本当の新機軸は「甘美なもの《スウィート・シング》」、「候補者《キャンディデイト》」、そして「甘美なもの（リプライズ）」にいたる九分間のシークエンスと、悪夢めいているほどに見事な「われら死者たち《ウィ・アー・ザ・デッド》」である（さらに「永遠に回り続ける骸骨家族の歌」も正当に評価できよう。一九七〇年代にわたしが所有していた『ダイアモンド・ドッグス』のオリジナルのビニール盤では、レコード針がこの曲の最後でよく止まってしまい、「ブラ、ブラ、ブラ、ブラ、ブラ、ブラ、ブラ、ブラ、ブラ、ブラ、ブラ」という、際限のない、不安をますますかき立てる声を発したものだった)。

ハロウィン・ジャック(このアルバムの登場人物のひとり)の死せるダイアモンドの犬の世界では、セックスはもはや何か侵犯的な刺激ではない。それは「よそ者に苦しみを与えること《プッティング・ペイン・イン・ア・ストレンジャー》」だ。そのイメージは、ベーコンの絵画に似て、「革紐で引きずられた肉の肖像」である。もしこれが肉の世界であるとすれば、その肉は死につつある。わたしたちがここに見出すのは、死に絶えて朽ち果て、救いを必要としている世界の、ほとんど偏執症《パラノイア》的-統合失調症《スキゾフレニア》的な光景である。これはわたしたちが『ある神経病者の回想録』を著したシュレーバー控訴院議長のじつに興味深い奇妙な妄想のうちに、あるいは、一九六〇年代後半のロンドンにあったR・D・レインの開放的治療施設《フリー・アサイラム》、キングズレイ・ホールの住人たちのうちに見出すたぐいの世界なのである――「わたしが死んでいるのがわからないのかい？　わたしには肉の腐ってゆく臭いがする」。

おそらくそこにはまた、ボウイの統合失調症の異父兄テリー・バーンズの世界の記憶も或る程度あるのだろう。テリーからボウイはとても早い時期にとても多くを（ジャズについて、ジャック・ケルアックについて、ロンドンのいかがわしいソーホー地区のあたりをぶらつくことについて）学んでいる。精神病院に長い年月入院したのち、テリーはなぜか、デヴィッドであれば自分を救うことができると考えていた。テリー・バーンズは一九八五年一月、ロンドン南部のコールズドン・サウス鉄道駅で、頭を線路のうえに置き、近づいてくる列車を待つという方法で自殺した。ボウイは葬儀に出席しないことによって、親族との不和やメディアの興奮状態を引き起こした。彼は葬儀をサーカスにしてしまうことを望まなかったのである。ボウイが寄せた花束のメッセージはこのうえなく胸を打つ――「きみはぼくらが想像しうる以上のものを眼にしてきた。けれど、そのすべての瞬間も失われてゆく――雨に洗われて消える涙のように」。

ボウイには何か精神病的なものがあるとたびたび言われてきたが、わたしはそれをむしろ疑わしいと思っている。ボウイは気のふれた若者《ア・ラッド・インセイン》ではなかった。そのような精神病的傾向が存在するとしても、それは――『フィネガンズ・ウェイク』におけるジョイスや、残酷演劇におけるアルトーと同様――アートへと昇華されている。アートのおかげで、たぶん彼は狂ってはおらず、あるいは、さほど狂ってはいない。とくに『世界を売った男』の初めのほうの曲における狂気、パラノイア、そして妄想への絶え間ない言及は、それらがもたらす恐怖の音楽的変容なのである――「すべての狂える者たち《オール・ザ・マッド・メン》」へと向けた、狂気じみた最後の犬の歌《クレイジー・クロージング・ケェナイン・チャント》でさえも――「ゼイン、ゼイン、ゼイン。犬を開く《ウーヴレ・ル・シアン》」。

とは言っても、気の狂った、死んだ異父兄はつきまとう影のようなものであり、家族内の狂気の歴史は、ボウイの母マーガレット・メアリー・バーンズにとってそうだったと思われるように、恐るべき事柄である。わたしたちは死者である。大気はその叫びで満ちている。

「きみの〈コカインの〉吹雪のなかで、自分の脳を凍らせているのは素敵かい?」とボウイは問いかける。『ダイアモンド・ドッグス』におけるボウイのヴィジョンの陽気な荒涼さこそが、その汚れた爪でわたしを虜《とりこ》にする。「候補者」という曲の主人公が「街路のような臭いさえする」自分の映画のセットを行き過ぎるとき、彼はこう自慢する――

誰かが壁に落書きした、
「編み物をする女たち《レ・トリコトゥーズ》の血の臭いがするぞ」と
そいつはほかのバーにもスキャンダルを書き立てていた。

編み物をする女たち《レ・トリコトゥーズ》とは、一七九三年から一七九四年にかけての恐怖政治のあいだ、マダム・ギロチンの外科手術的に正確な仕事を見物しながら、死刑執行に喝采を送っていた、叛乱的な、パリの労働者階級の女性たちのことである。「候補者」は恐るべき叙情詩的力によって盛り上げられてゆき、搾取、腐敗、強姦の世界の光景を描き出す――

みすぼらしい若き騎士たちのうえに太陽が愛を滴らせるまで
彼らは地面に押しつける、恐怖に襲われ身を震わせているきみを。

この世界は手当たり次第の過剰暴力を特徴とする、売春によるセックスの地獄である。この歌は悲しげに、かつ、自暴自棄的に終わる――

ぼくらはもう一度ぶらつくことができそうに思う
そばにきみがいてくれれば、きっと素敵だろうな
何か薬《ドラッグ》を買って、バンドを見よう
それから手を取り合って川に飛び込むんだ。

絶望的で荒廃した世界における唯一可能な結びつき、愛のたったひとつの名残とは、何か麻薬を摂取し、心中の約束を果たすことである——ドイツの作家ハインリッヒ・フォン・クライストとヘンリエッテ・フォーゲルのように。彼らは近くのカフェから取り寄せたコーヒーを飲んだあと、ベルリン郊外ヴァン湖のほとりで自殺した。愛なき世界において、愛は死を通してのみ救われるのである。

不条理なものの威厳

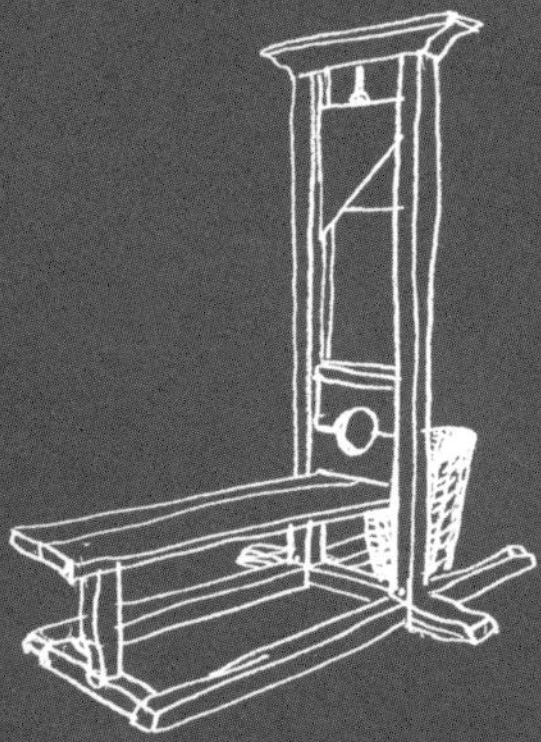

編み物をする女たち《レ・トリコトゥーズ》への言及に立ち戻り、少しばかり飛躍をするか、あるいは、少なくとも小さく歩を進めてみたい。『ダイアモンド・ドッグス』を聴き、ボウイのディストピア的ヴィジョンについて考えていると、ゲオルク・ビューヒナーの『ダントンの死《ダントンス・トート》』が思い浮かぶ。この異様な戯曲は、絶望、無為、蔓延したニヒリズムといったポスト革命の感覚を特徴としている。死刑執行の直前に、監禁されたダントンは言う——

何もかも何ものかの氾濫だ。虚無は自殺しちまった《ダス・ニヒツ・ハット・ジッヒ・エルモルデット》のさ。創造ってのは虚無の残した傷痕さ、ぼくらはそれから落ちた血の滴、世界は墓場、そこでは腐敗が進行する。

思うにこれこそ、啓蒙の致命的な弁証法を特徴とするボウイのディストピアである。わたしたちは神は死んだと宣言し、自分たち自身を神々に変えるのだが、それはただ、よりうまく殺し、より効果的に絶滅させるためである。わたしたちは異教の民《ヒーザン》となった。ダントンは続ける――

世界は混沌だ、虚無、それがやがて生まれるはずのこの世界の神《ダス・ニヒツ・イスト・ダス・ツー・ゲベーレンデ・ヴェルトゴット》だ。

『ダントンの死』は、刑吏たちが立ち去ったのち、ギロチンの階段を上る――オフィーリアにとても似ている――リュシール〔ダントンとともに処刑されたカミーユ・デムーランの妻〕の姿とともに幕を閉じる。彼女は「国王万歳《エス・レーベ・デア・ケーニヒ》！」と叫ぶ。それは自殺の身振りのように見えるし、彼女はたちどころに処刑されるだろうと誰しも想像するが、しかし、ビューヒナーは観客の推測にまかせている。それに対してパウル・ツェランは、一九六〇年にビューヒナー賞を受賞した際に行なった、まさしく名高い「子午線」の講演で、リュシールのせりふがもつ別の意味を発見している。彼は「それは自由の行為です。それは踏み出された一歩なのです」と主張する。その一歩が旧体制《アンシャン・レジーム》の反動的擁護であるかのように見えるとしても、と述べたうえで、ツェランはこう反駁する――

しかし、そうではありません。ピョートル・クロポトキンとグスタフ・ランダウアーの著作を読んで育った者として、こう主張させていただきたい――これはいかなる君主制への忠誠《オマージュ》でもなければ、維持されるに値するいかなる昨日への忠誠《オマージュ》でもありません。

それは人間なるものの存在を証明する不条理なものの威厳への忠誠《オマージュ》なのです。

皆さん、これは決定的な名をもちません。しかし、わたしはこれこそが……詩《ディヒトゥング》であると思います。

魅力的なことに、ツェランはリュシールの行為を、クロポトキンの相互扶助のアナーキズムやランダウアーのいっそう急進的な神秘的アナーキズムの庇護のもとに置いている。わずかばかり進んだところで、ツェランはこの思想に彼が「トポロジカルな」（＝場所《トポス》をめぐる）次元と呼ぶものを付け加えている。リュシールのように歩を進めることは、物事を「無《ユー》-場所的《トピア》な光のなかで」見ることである。それゆえに、詩という自由の行為は無《ユー》ー場所《トピア》的である——わたしたちは開かれたものや自由なものの近くに到りました。そして最後にはユートピアの近くへと。

詩とは歩みであり、不条理なものの威厳を特徴とする世界、人間世界との関連でなされる自由の行為である。このように、ビューヒナーのディストピアとはユートピアのための条件である。ボウイのアートもまたそうした歩みである、というのが、ボウイに関するわたしのほかならぬ本心である。それは石化して死んだ文明との関係において、わたしたちを自由にしてくれる。崖から落ちかけている家を誰も修繕はしない。ボウイのディストピアは同程度にユートピア的なのである。

こうした思考は、世界と国際政治に関するボウイのヴィジョンに異なる光を投げかけるように思われる。『スケアリー・モンスターズ』のブックエンドとして二つのヴァージョン（「パート1」と「パート2」）で登場する、とても魅力的な曲「これはゲームではない《イッツ・ノー・ゲーム》」を考えてみればよい。トニー・ヴィスコンティが明かしているように、驚くべきことにこの二つのヴァージョンは同じ伴奏の音源を使用していながら、その点を除けばまったく似ていないのである。第二ヴァージョンがフラットで直接的、かつ、無感情であるのに対して、第一ヴァージョンが際立たせているのは最高に強烈に芝居じみた状態のボウイであり、そこには廣田三知《みち》が日本語で語る威嚇的なナレーションとロバート・フリップの気狂いじみたギター・パートが付随している。この曲は、フリップの無限に繰り返されるかのようなギター・リフにかぶさるボウイの「黙れ《シャラップ》」という絶叫で終わる。

　ボウイが描写するのは、恐怖政治のビューヒナー的な世界である。最初の一行「シルエットや影が革命を見ている」はポスト革命的状況の気だるさと失望を表わしている。エディ・コクランの死後、一九六〇年にリリースされたヒット曲〈「天国の三つの階段《スリー・ステップス・トゥ・ヘヴン》」〉を暗示している、「天国の自由の階段《フリー・ステップス・トゥ・ヘヴン》」はもう存在しない。あとに残るのはただ「うぬぼれとドラムの音——フル・スピードで異教《ペイガン》の」だけだ。「それで、どこに教訓《モラル》はあるのか？」とボウイは問う。「人びとは指を折られている。」「パート2」の最後の詩節で、ボウイはこう結論する——

　　世界中の子供たちが

駱駝の糞を壁に塗り
踏み車で絨毯を作っていたり
ごみをより分けたりしている。

それで、こうした駱駝の糞のいったいどこに教訓《モラル》はあるのだろうか？　おぞましいボノのようなポップ・スターたちは、サルマン・ラシュディの劣化ヴァージョンに身を変え、世界情勢およびそれを正常化するためにわたしたちが何ができるかについて、リベラルな紋切り型を仰々しく喋るものと相場が決まっている。しかし、ここでボウイはそうしたリベラルな自己満足をシンプルで直感的な批判に晒すことにより、その嘘を暴いている。わたしたちが家を飾るために用いる安価な絨毯は駱駝の糞でできた小屋に住む人びとによって作られている。にせ物の政治的課題と戯れることで気晴らしをする代わりに、ボウイは

「これはゲームではない」とシンプルに宣言する。糞はシリアスなのだ。

『スケアリー・モンスターズ』の次の曲「後ろ向きに丘を登る《アップ・ザ・ヒル・バックワーズ》」は「自由の到来で生み出された真空状態、そしてそれが提供するように見える可能性の数々」と始まる。『ダントンの死』末尾のリュシールの叫びに似て、この詩行はフランス革命についてのエドマンド・バークによる保守的批判のように響く。しかし、ツェランの論理を適用すればこれは、いかなる君主制、いかなる昨日への忠誠《オマージュ》でもなく、人間の世界という不条理なものの威厳への忠誠《オマージュ》なのである。これこそがツェランの語る意味における詩であり――ボウイの詩なのだ。

幻は幻に

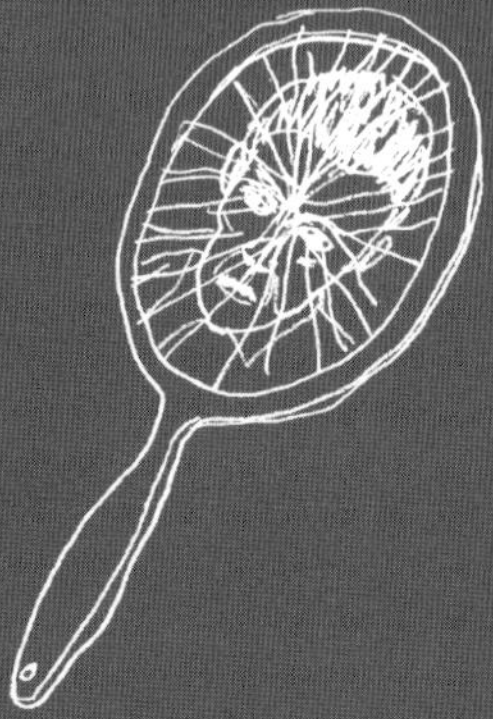

十二、十三、十四歳だったあの頃のわたしたちは、若く、そして、愚かだった。しかし、ボウイはひとを欺く幻想の本質とその抗しがたい力との両方を教えてくれた。わたしたちは幻想とともに生き、幻想から逃れるのではなく、それから学ぶことを学んだ。この空間に住み着くことはまた、革命のあとを生きることだった――革命的な出来事の連鎖に続く幻-滅のなかを。わたしたちにとってはこれが、モット・ザ・フープルのためにボウイが書いた「すべての若き野郎ども《オール・ザ・ヤング・デューズ》」のうちにもっとも力強く表現されているような、一九七〇年代初頭の、ひどく混乱して裏切られた連帯なのだった。この歌は、自分たちがけっしてどこにも向かっていないことを知っていた、打ち負かされた世代《ビーテン・ジェネレーション》にとってのケルアックの『路上』に似ていた――

兄貴が家に帰ってきた、お気に入りのビートルズやストーンズと一緒に
俺たちはそんな革命ものじゃ全然イカなかった
……面倒くさいぜ……厄介なことばかりさ

わたしたちは幻から幻へとボウイのあとを追った。彼がジギー時代のような主流の大ポップ・スターであることを次第に止めていったとき、彼に対するわたしの関心はひたすら強まるばかりだった。

一九七六年二月、わたしは『ステイション・トゥ・ステイション』の中古品をレッチワース田園都市のデヴィッド書店（ボウイとは無関係）から盗んだ。わ

たしはもうすぐ十六歳で、ボウイにも自分にも何か変化が生じつつあることを感じていた。十分十四秒のタイトル曲（ボウイのもっとも長い曲）は、音楽的可能性の新しい展望への扉を開くように思えた。重要な点として、それが何であれ、それに名前はなかった。しかし、それはもはやロックンロールではなかった。だからわたしはそれが好きだったのである。

わたしの世代の大多数と同様に、このときまでわたしは、イギー・アンド・ザ・ストゥージズや強面《こわもて》のＭＣ５のようなデトロイトのロックンロールを含み、テリー・ライリーやフリップ＆イーノの最初期の環境音響空間《アンビエント・サウンド・スペース》を組み合わせた異様なカクテルを聴いていた。同時にわたしは、当時の西ドイツから流出してきた新しい音楽の洪水にとりわけとりつかれており、なかでもノイ！、カン、タンジェリン・ドリーム、ポポル・ヴフ、アモン・デュールⅡといったバンドや、奇妙にも記念碑的存在であるフランスのバンド、マグマに夢中になっていた。

一九七七年一月の或る日の午後遅く、レッチワースのジョン・メンジーズ新聞販売店に入ってゆき、告白したことはなかったけれどかなり好きだった店員の少女と一緒に『ロウ』を聴いたことを思い出す。わたしたちは店の裏でアルバム全体を聴いた。それは宇宙空間でレコーディングされたように聞こえたし、これによく似たドラムの音をミキシングまでされた状態で一度として聞いたことはなかったけれど、わたしたちにはそれが完璧に理解できた。環境音楽的でインストゥルメンタルのB面でさえ、そうだった。あれは寒い冬で、これは最高にクールなモダニズムだった。わたしにはその準備ができていた。いまでも理解できない理由により、一九七六年の終わりの四か月間をわたしは完全な孤独の状態で過ごした――母との強いられたやりとりや奇数日と土曜日の午前中に父さんと板金工場で働くことを除いては。それゆえ、ボウイが「サウンド・アンド・ヴィジョン」で「わたしの孤独に漂い来る《ドリフティング・イントゥ・マイ・ソリチュード》」という言葉をなかば語るように歌ったとき、それは絶大な効果を発揮した。わたしもまたずっとロウの状態にあったのである。

パンクがこうしたすべてを変え、一九七七年三月までにわたしは黒いボンデージ・パンツにルイスの革ジャケット、それにドクター・マーチンの十二ホール・ブーツを身につけていた。わたしは数年間、ソーシャル・クラス・ファイヴやパニック（ドイツ語にするためにクはcではなくk）といった名前のくだらないバンドで時々演奏していた。『「ヒーローズ」』が『ロウ』のちょうど九か月後の一九七七年十月にリリースされたとき、それを聞いたわたしたちは途方もない力で打ちのめされた。タイトル曲はさほどでもなく――この曲をわたしはいまのほうが当時よりもはるかに好きだ――、「美女と野獣《ビューティ・アンド・ザ・ビースト》」やとくに「失神《ブラックアウト》」といった曲の出来映えの厚く豊かで、多層的かつ複雑な密度にである。デニス・デーヴィス、ジョージ・マレー、そしてカルロス・アロマーというボウイの最高のリズム・セクションによって駆動されていたから、それはまたブラックに響き、ものすごくファンキーだった。ロバート・フリップのフリッパートロニクス〈独自の演奏システム〉は天空の上方を漂っていた。わたしは自分のフェンダー・ジャズベースのコピーモデルでベースのパートをなぞろうとして、『「ヒーローズ」』のレコード二枚を摩滅させ、三枚目をなくしてしまった。わたしはこれこそ音楽が鳴り響くべき方法だと心のなかで思ったし、傾聴に値する耳の持ち主たちには誰にでもそう語った。わたしはいまだにその通りだと思っている。『「ヒーローズ」』におけるレコーディングとプロダクションのテクニックの影響は、昨今の音楽のうちにいまだにはっきりと聞き取ることができる――たとえば、ボウイが歌詞一節のみのカメオ出演をしている、アーケイド・ファイアの素晴らしい『リフレクター』(二〇一三年)である。

一九七九年五月に『ロジャー』を取り巻いていた大きな期待は、あまりに多くの執拗に再加工された反復的ループが歌にされており、サウンドに奇妙なほど厚みのないこのアルバムが、失望をもたらさざるをえないことを意味していた。「赤い帆《レッド・セイルス》」のような、そうしたループのいくつかは、ノイ!に対して彼らにふさわしいオマージュを捧げていた。ボウイが無感情なモノトーンで歌う「反復《レピティション》」は、家庭内暴力についての力強い歌だが、その力は直接的な説教ではないからこそ作用するのである。母さんのアパートで足を組んでひとりで座りながら、ジャケット上のボウイの歪んだ事故犠牲者のイメージを見つめていたこと、そして、このアルバムをもっと好きになって、じつに恐ろしいホワイト・レゲエのカヴァー（ボウイがたとえわずかであれスティングのように歌うなんて耐えがたかった）である「ヤサシン」のような、いささか馬鹿げた曲を許容する方法を見つけようと努めていたことを思い出す。

『スケアリー・モンスターズ』はまた別の話だった。このときまでに、地元の料理学校での二年間という気まずい時間（わたしの通った高校は閉校して失業手当支給事務所に変えられてしまい、この料理学校はちょうどその隣にあった——怠け者と呼んでくれ）が過ぎ、ロック・スターになることに失敗したあと、わたしは失業手当を受けながら、スティーブニッジ継続教育カレッジのコースをいくつか受講しに通っていた（とりあえず、そこはハーヴァードとまったく同じというわけではなかった、とだけ言っておこう）。アルバムを買う金がなかったので、ランチタイムに学生会館で友だちのを聴いた。「灰は灰に《アッシェズ・トゥ・アッシェズ》」や「十代の野獣《ティーンエイジ・ワイルドライフ》」の才気あふれる自己言及性にわたしは圧倒された。ボウイは誰もが彼を見ていることを知りつつ、自分自身を見ていた。しかしわたしは、扉が閉ざされたのだというはっきりとした感覚を抱いたことを覚えている。『スケアリー・モンスターズ』は、パンクおよびポスト・パンクの発展過程のあらゆる段階でボウイが果たした有益な役割を鋭く自覚していた。それは一種のメタ・アルバムだった。しかし、そこには何かしら悲しいものがあった。あるいは、その悲しみとはたぶんわたし自身のものだったのだろう。わたしは言葉のなかに快楽の別の世界をすでに発見し始めており、まったくひどい詩を書いていた。一年くらいのちに、わたしは大学に進み、事態は変わった。わたしは自分がボウイを愛しているのと同じくらい、彼を愛していないふりをすることを学んだのである。

ディシプリン

著書『世界を売った男――デヴィッド・ボウイと一九七〇年代』でピーター・ドゲットはこう論じている。一九六〇年代の楽観的《アップビート》で自由主義的な世界ではボウイはアナクロニズムだったが、一九七〇年代までに聴衆はボウイおよび断片化と腐敗、幻滅を特徴とする彼の世界像に追いついたのだ、と。ジギーを殺したあと、ボウイは、習熟、模倣、完成、そして破壊という芸術表現上のパターンに従いながら、幻から幻へと絶え間なく移行した。それは幾分、グスタフ・メッツガーの自己破壊的アートのアイディアに似ており、ボウイはおそらく、メッツガーのかつての学生であるピート・タウンゼント以上に――彼のバンドのザ・フーは昔、ショーの終わりに機材をすべて自己破壊的にこなごなに壊したものだったけれど――ずっと説得力のあるその実例だろう。この四段階のパターンは、『ヤング・アメリカンズ』におけるアメリカン・ソウルやR&Bへの習熟のうちに、おそらくもっとも明瞭に見て取れる。或るジャンルの完璧な模倣はまた、その繊細な洗練に通じ、するとやがてボウイは飽きてしまい、それを破壊して、さらに移動するのである。『ステイション・トゥ・ステイション』は『ヤング・アメリカンズ』の鮮明な痕跡に満ちているが、すでにその皮を脱ぎかけており、『ロウ』を待ち受けている。

要するに、一九七〇年代のあいだ、とくに一九七四年以降、ボウイはその激しさ、大胆さ、危うさにおいて恐るべきものであるような、ひとつの芸術的ディシプリンを行使することができたのである。それはロック・スターの自己満足のまさに対極にある。それはあたかも、ボウイがほとんど禁欲的に、ほとんど隠者のようにみずからを律し、無になろうと、新しい顔をまとい、新しい幻を生み出し、新しい形式を創造することのできる、可変的でとてつもなく創造的な無になろうとしていたかのようだ。これは異様で稀なことである。それはおそらく、ポピュラー音楽の歴史のなかで唯一無二であろう。

一九六九年から一九八〇年までのあいだに十三枚のソロ・アルバムを制作したのち――ライヴ録音、コンピレーション、さらにルー・リードのために『トランスフォーマー』（リードのもっとも売れた、もっとも優れたソロ・アルバム）で、イギー・ポップのために不朽の傑作『イディオット』や『ラスト・フォー・ライフ』でしてあげたこと、モット・ザ・フープルのため、それから大胆で小さなルル（ボウイの協力のもと、「世界を売った男」をカヴァーしている）のためにまでしてあげたこと、その仕事のすべてを除けば――、ボウイは一九八〇年に事実上、姿を消してしまう。ドゲットが力説しているように、ボウイは一九八三年に、彼が一九七〇年代にあれほど猛烈に嘲笑していた、金髪で日焼けした、人当たりが良く、話し好きなエンターテイナーとして再登場するのである。ボウイのバンドがカルロス・アロマーとアール・スリックをメンバーにしていた一九八三年の七月に、ミルトン・キーンズ・ボウルに彼を観に行ったことを思い出す。チケットは非常に高く、わたしは最初から最後までまったく気が腐っていた。眼鏡をなくしてしまい、もっていったハイデガーの『存在と時間』を読めなかったせいで、いらいらしていたことだけを覚えている。そんなところだ。

ボウイのファンであるせいでひどい思いを味わった場合が何度もあったことを、わたしたちは忘れてはならない。それらなしで済ますことができていたらとほんとうに思うような幻想がいくつもあった。『レッツ・ダンス』（一九八三年）はさほどでもなく、そこには申し分のない聞き所がいくつかあったが（わたしは長年のあいだ、プロデューサーであるナイル・ロジャースのファンク・ミュージック学校の熱心な学生だった）、しかし、緩慢で不可逆的に見えた衰えは、「よそ者を愛す《ラヴィング・ジ・エイリアン》」を除く『トゥナイト』（一九八四年）や真に忌まわしい『ネヴァー・レット・ミー・ダウン』では明瞭だった。ボウイは、「近隣の脅威《ネイバーフッド・スレット》」のようなイギーと共作した歌をカヴァーして台無しにしてしまうことが良いアイディアであると、なぜか確信するようになっていたのである。それはほんとうに身の毛のよだつ、胸の張り裂けるようなことだった。

いや待て、事態はさらに悪化さえしたのだ。ボウイは馬鹿でかいドラム・サウンドを有するティン・マシーンという名の、誠実で前向きなロック・バンドの結成という凄まじいアイディアを思いついたのである。まあ、ティン・マシーンの二枚のアルバムにも、「金は金の天国へ行き／肉体は肉体の地獄へ行く」という深遠な詩行を含む、ウォーホール的無関心の素晴らしいパスティーシュである「わたしには読めない《アイ・キャント・リード》」のような、悪くない聞き所もいくつかはある。しかし、ティン・マシーンのがなり立てるマッチョなロック根性をたった一曲で穴埋めできるものだろうか？　ありえない。

消失

一九九〇年代はまた別の話だった。この十年間でボウイがリリースした四枚のソロ・アルバムはいずれも、それぞれ固有の美点をもつとともに、多少の欠点も有していた。わたしは一九九三年の『ブラック・タイ・ホワイト・ノイズ』についてはっきりした判断を下すことができなかった——わたしはそれを何度も聴いたし、「奇跡のおやすみ《ミラクル・グッドナイト》」や「わたしをひどく落ち込ませないで《ドント・レット・ミー・ダウン・アンド・ダウン》」といった曲での、その頃結婚したばかりのボウイの情熱的礼拝《ハッピー・クラッピー》めいた奔放さを愛してはいたけれど。一九九七年に『アースリング』がリリースされたとき、わたしはフランクフルトで暮らしていて、ロンドンのドラムンベースがドイツに紹介された全盛時に（これを認めるのは恥ずかしいが）クラブに行こうかどうかまだ迷っていた——ドラムンベースに合わせてどうやって踊ればいいのか、わたしにはまったくわからなかったのだが。それゆえわたしは、「衛星を探して《ルッキング・フォー・サテライト》」のような曲のもつハーモニーの複雑さを愛していたものの、『アースリング』におけるドラムンベースの実験にはかなりの懸念を覚えた。重苦しいほど回顧的でいささか閉所恐怖を引き起こしそうな一九九九年の『アワーズ…』は、ボウイの発展過程における重要な各段階を再訪していると称する（実際にはそのようなものではなかった）、彼の作品の一種の大全《スンマ》として大々的に売り出されたが、わたしにとっては期待外れだった——とはいえ、「生き残ること《サヴァイヴ》」と「木曜の子供《サーズデイズ・チャイルド》」はじつにまったく素晴らしい歌である。

しかしまた一方でわたしは、一九九五年の冬にストックホルムのガールフレンドの家のキッチンにいて、小さなカセット・プレイヤーで『アウトサイド』

を何度も何度も繰り返し聴いていたこと、そして、こう言いながらひとり微笑んでいたことを覚えている――「そう、これ、これだよ」と。あの頃何週間ものあいだ、わたしはそのキッチンで、とくに「ノー・コントロール」や「ザ・モーテル」といった歌を底抜けの馬鹿みたいに真似しながら、ひざまずくほど脚を曲げて踊っていた。

数年が経った。やがて、二〇〇二年六月、わたしは『ヒーザン』の登場に心底驚き喜んだ。そのタイトル曲だけでも、音楽的な率直さや繊細さ、そして無駄のなさにおいて、息を呑むほどのものだ。ここには別のボウイがいた――内省的で、思慮深く、物憂げで、しかし相変わらずウィットに富んだ。メディアはそれをポスト9・11のボウイと喧伝した。わたしはもっと懐疑的だった。『ヒーザン』のあとにはすぐ二〇〇三年の『リアリティ』が続いた。すばやく相次いでリリースされたこれらのアルバムは一種のペアをなしており、そのことは『リアリティ』という、明らかに過小評価されているアルバムにとっては災難だった。わたしの意見では二枚のうち、むしろこちらのほうがより良質である。「新しい殺人者の星《ニュー・キラー・スター》」や「彼女は大きな車を運転する《シール・ドライヴ・ザ・ビッグ・カー》」を聴きながら、エセックスの田園地帯をわたしのボクスホール・コルサでドライヴしたことを思い出す。ボウイはまたこの時期に、「日曜《サンデイ》」、「5：15　天使たちは去った《ジ・エンジェルズ・ハヴ・ゴーン》」、そして「一番寂しい男《ザ・ロンリエスト・ガイ》」といった曲でバラードの技巧を再発見していた。驚くほど美しく白い歯――ニューヨークの矯正歯科医の力量を示す真の賜物――をした、このうえなく健康そうな顔付きのボウイは、イギリスのトーク・ショーに登場し続けており、完璧にコントロールされた状態にあるように見えたし、ありがたくない質問はウィットで巧みに受け流していた……。

……その後は無《ナシング》。音沙汰なし。わたしはニューヨーク・シティに移った。ボウイの第二の故郷である。たぶんわたしは路上でボウイにばったり出会いたかったのだろう。二〇〇四年には、ドイツで起きた心臓発作をめぐる話題があり、それに続けて病気の噂、肺癌や肺気腫、ありとあらゆる種類の疾患の噂があった。数年前にマンハッタンで或る晩遅く、気づけばわたしは友人を訪ねてボウイの住まいの真下のアパートにいた。わたしは哀れな中年のストーカーのような気分で、そわそわしながら天井を見つめ続けていた。わたしはその部屋の主に無理強いして、『ジギー・スターダスト』の全曲をかけさせることさえした——万が一、ボウイが眠ろうとしていたらいけないから、とても小音量だったけれど。帰宅して眠ると、わたしはひどく無気味な夢を切れ切れに見た。

あこがれ

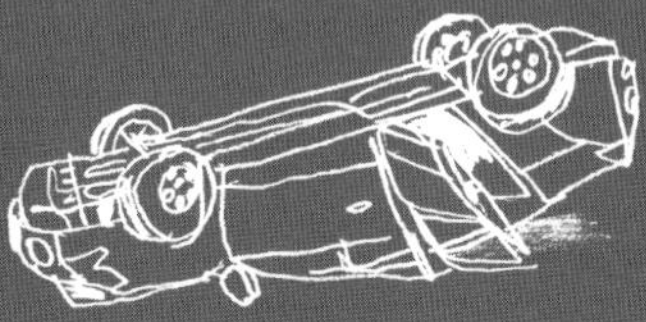

ボウイの音楽は非常にしばしば、孤立した引きこもりの、唯我論的で、さらには自閉症的な（まるでそれが何を意味するかをわたしたちが知っているかのように）ものとさえ見なされている。これは『ロウ』に関するヒューゴ・ウィルケンの小さな良書に見出される見解であり、「サウンド・アンド・ヴィジョン」にもっとも明瞭に表現されているが、そこにはもう一対の無《ナシング》が現われる――

一日中下ろされている淡色のブラインド
何をするでもなく、何を言うのでもなく（＝無をなし、無を言う）。

この電気的青《エレクトリック・ブルー》のムードは「いつも同じ車で衝突しながら《オールウェイズ・クラッシング・イン・ザ・セイム・カー》」という完璧なタイトルの曲に続いてゆく。後者は明らかに、ボウイがスイスのホテルの駐車場で自分のメルセデスを大破させた実際の事故に関連している。しかしそれは、中毒的で破壊的な行為のループを表わす隠喩としてこそ、よりいっそう強力なのである。

こうした見解が間違っていると言っているのではなく、ボウイの作品はそもそもの最初から明らかに、深い疎外感によって特徴づけられている。しかしこのような見解は、ボウイのアートのより本質的な特徴をなすものとわたしが見ている、愛へのあこがれを見落としてしまっている。それはまた、「いつも同じ車で衝突しながら」に続く曲が「妻になって《ビー・マイ・ワイフ》」と題されている事実を無視している（この曲をアイロニカルに、アンジー・ボウイとの結婚生活の喜びを示唆するものと受け取らなければ、であるが)。この歌は孤独感から始まる――「ときどききみはとても寂しくなる」。しかし、コーラスは願望を明確に表現する――

ぼくのものになって
ぼくの人生をともにしておくれ
ぼくといっしょにいて
ぼくの妻になって。

ボウイの音楽が孤独感から始まるとしても、それは孤立の肯定ではまったくない。それは孤立を克服し、なんらかの結びつきを見出そうとする必死の試みである。別の言葉で言えば、ボウイの音楽をとても深く決定づけているのは、あこがれの経験なのだ。

ボウイは愛について歌う。しかしそこにはしばしば疑問符が付けられ、疑念によって謎めいたものとされ、あるいは後悔の色合いを帯びる。『ステイション・トゥ・ステイション』のタイトル曲が五分間のうちにテンポをまったく変えてしまうときでさえ、アレイスター・クロウリー〔イギリスのオカルティスト〕の魔術（Magick）やカバラの秘教に極度に没頭していたボウイがただちに、「誰がわたしを愛と結びつけてくれるのか」という問いを投げかけている。そしてこれはただのコカインの副作用ではな﹅い﹅――「それは愛に違いないとわたしは思う」。

「「ヒーローズ」」は、愛の移ろいやすさについての、ただ一日かぎり、時を掠め取ることについてのバラードである。そしてこれが苦痛や中毒（「そしてわたし、わたしはいつも飲んだくれているだろう」）という背景と対照をなしている。これは喜びがつかの間のものであり、わたしたちは無で、わたしたちを救うものは何もないだろう〔＝無こそがわたしたちを救うだろう〕ということを熟知した、絶望的なあこがれの歌なのだ。「レッツ・ダンス」は、ただたんに、シック〔ナイル・ロジャースのバンド名〕のやみつきになるほど稀薄なベースとドラムのリズム・パターンでダンスフロアを満たすファンクな曲にとどまるものではない。それはボウイが「「ヒーローズ」」で描いているのと同じ二人の恋人たちについての、遠回し《オブリーク》で、かつ、本質的に絶望的な歌である。「踊ろう」とボウイは歌う――「今夜で終わりにならないように」。

愛に対するあこがれはとても強いので、それはまた何らかの要求や、「失神《ブラックアウト》」におけるように脅しといったかたちさえ取って、ボウイの小さな無の数々を示唆することがありうる――

もしあなたが今夜泊まらないのなら
わたしは今夜の飛行機で発つことにしよう
わたしには失うものなどないし〔＝失うべき無があるし〕
得るものもない〔＝得るべき無がある〕
雨のなかであなたにキスしよう
雨のなかであなたにキスを。

愛情の喚起が一瞬の高揚をもたらし、〔「「ヒーローズ」」で描かれた〕ベルリンの壁のかたわらでのキスに似た雨のなかでのキスのあとには、ただちに必死の嘆願が続く――「わたしを医者に連れて行ってくれ」。

『ヒーザン』の「5：15　天使たちは去った《ジ・エンジェルズ・ハヴ・ゴーン》」でボウイはもう一度、旅の隠喩を用いて、愛の挫折ののちの旅立ちのシーンを劇的に表わしている。純粋に身を焦がすような、この失恋の歌《トーチ・ソング》の多声のコーラス部はこうだ――「わたしたちはもうけっして話すことはない、永遠にわたしはあなたを崇拝しよう」。これは愛のよりいっそう悲歌《エレジー》的な経験であり、不在のリアリティ、反復不可能で完璧に過ぎ去ってしまった過去のリアリティに支配されている。もうけっして、ない《ネヴァー・モア》。

　これは「わたしたちはいまどこにいるのか？《ホエア・アー・ウィ・ナウ》」の核をなすものでもあって、この曲はたぶん、一九七〇年代におけるボウイの忠実なアシスタントであり、ときには恋人でもあったコリンヌ・「ココ」・シュワブへの讃歌なのであろう。しかし、愛が具体的な焦点を見出すのは、特定の場所および時との関係においてである――すなわち、一九七〇年代末のベルリンだ。もう一度二十九歳になってイギーとベルリンへ移住し、無数のトランスジェンダー・クラブへ通い、煙草を吹かしては絶え間なく飲み続け、一晩中レコーディングすることへのいくばくかのあこがれがボウイの側にはあったに違いない、とわたしは確信している。それはそれで素晴らしい。しかし、これはけっして過去への単純な惑溺ではない。それは、「いったい、わたしたちはいま、どこにいるのだろうか？」と問うための方法として、わたしたちの生皮をしばしば剥ぐがごとき記憶の数々と関わってゆくことなのである。

わたしたちが純粋なノスタルジアにもっとも接近するのは、ボウイが子供時代と青年時代を送った一九五〇年代のイングランド、それもとりわけロンドンの記憶を呼び起こすときである。コリン・マッキネスの一九五九年の小説から命名された一九八六年の「まったくの初心者たち《アブソリュート・ビギナーズ》」はこの時代を直接取り上げており、ほぼ間違いなく一九八〇年代後半におけるボウイの頂点をなしている――

　けれどぼくの愛がきみの愛ならば
　ぼくらはきっとうまくゆく。

しかし、これもまた場所への愛、特定の光のもとで眺められたイングランドへのあこがれであり、もちろんそれは曇り空の下、衰退と瓦礫のまっただなかで、ニコラス・ローグの『パフォーマンス』（一九七〇年）における荒涼として打ち捨てられた都市の景観を思わせる。二年間イングランドを留守にしたのちの一九七六年、『プレイボーイ』誌とのインタヴューでボウイは、英国《ブリテン》はファシストの指導者を必要としていると語り、自分が強力な首相を生んでみせようと示唆さえした。これらはのちのちボウイがとても後悔した発言であり、ボウイの大ファンとして知られていたわけでもないマーガレット・サッチャーのごとき権威主義的指導者の登場以降は、とくにそうだった。しかし、ボウイはファシズムをナショナリズムととらえており、それは複雑な感情であって、真剣に吟味されるよりもはるかに簡単に誹謗中傷されてしまうものなのである。おそらくわたしたちが排外的愛国主義《ショーヴィニズム》にもっとも接近するのは、アレキサンダー・マックイーンが『アースリング』のジャケットのためにデザインした、ユニオン・ジャックをベースとするボウイのコートにおいてだろう。そのジャケットでデヴィッドは、イングランドの緑なす心地よい大地を〈「世界を売った男」の歌詞のように〉ひたすらじっと凝視《ゲイゼズ・ア・ゲイズリー・ステア》している。

どうすればわたしたちは、「5：15　天使たちは去った」で表現されているような種類の記憶とともに生きてゆくことができるのだろうか？――過去の囚人となったり、後悔に押し潰されたり、あるいはたんに欺かれたりすることなしに。それが「生き残ること《サヴァイヴ》」の着想であり、これはボウイが書いてきたなかでももっとも美しくシンプルな歌のひとつである。「裸の眼《ネイキッド・アイズ》」とのみ呼ばれる誰かに向けて、ボウイは「あなたを引き留めておくべきだった、努力すべきだった」と歌い、次いで最初および二番目の詩節の末尾をこんな言葉で区切る――「あなたが恋しい……あなたを愛していた」。ここには次のような率直な認識がある――「時間がわたしの味方であると誰が言ったのか？／人生で得たのは耳と眼と無だった」。

しかし、この無に続くのは「わたしはあなたの裸の眼よりも生き残るだろう」、さらに「あなたはわたしがけっして犯すことのなかった大きな過ちだ」という断言なのである。

的になっている。ボウイの言葉は提喩《シネクドキ》的となり、それらは或るものの全体《ホール》を伝える部分であるとともに、そうした全体《ホール》に開いた穴《ホール》でもある。

カット・アップは新しいものの見方を可能にする。それはまたすべてをスピード・アップする。カット・アップは一九七〇年代におけるボウイの信じがたいほどの創造力の勢いに適っていた。人生の速度や変化、記憶喪失、思いがけぬめぐり合わせ、創造的な変化やその失敗を美的に把握することを、カット・アップは可能にしてくれる。『ロウ』(含む単語は四一〇語) および『「ヒーローズ」』の歌詞のスタイルは、物語的で常識的なわかりやすさとは縁を切っている。その言葉は、より少なく語り、意味をより明確でないものにすることによって、より多くを語る。ボウイの歌詞は、それらがもっとも遠回《オブリーク》しなときにこそ、最強なのである。わたしたちはみずからの想像力によって、みずからのあこがれによって、その欠落を埋めるのだ。

ボウイはこの——エズラ・パウンドの言う意味でイマジズム的な——遠回しな構成法《オブリーク》を後期の作品できわめて繊細に、かつ、ますます実力を増した腕で磨き上げている。「異教徒《ヒーザン》（放射線《ザ・レイズ》）」のような曲でわたしたちは、一見したところシンプルかつランダムに都市イメージが積み重なるのを眼にする——

スカイライン上の鋼鉄
ガラス製の空。

次いで、一連の漠然とした表現に移行する——

何ものかを待ち
誰かを探して。

さらに問いが投げかけられる——

理由はないのだろうか？
わたしは長く留まりすぎたのだろうか？

そのあと、一見すると出し抜けに、わたしたちは爆発的なクライマックスに
達してしまう。ボウイは最高のヴィブラートで懇願する——

あなたはわたしから去ってゆくと言う《ユー・セイ・ユール・リーヴ・ミー》、

次いで、いまや失望と喪失の感覚に浸透されたイメージへと回帰する――

そして太陽が低いとき
さらに放射線《レイズ》は高く
わたしにはいまそれが見える
わたしはそれが消えるのを感じている。

おそらく、ボウイの愛へのあこがれが有するアイロニーとは、彼が愛を見つけたように思われるとき、その結果が少しばかり退屈であるということだろう――ボウイが一九九二年のイマン・アブドゥルマジドとの結婚式のために作曲した婚礼の音楽として生まれた、『ブラック・タイ・ホワイト・ノイズ』の

「ザ・ウェディング」のように。彼が（『リアリティ』の）「一番寂しい男《ザ・ロンリエスト・ガイ》」で次のように歌うときにも——そこに付随する音楽のメランコリックな悲歎とは奇妙にも矛盾しているのだけれど——「わたしは一番運のいい男だ、一番寂しい男ではない」と。ボウイが幸せであることを幸せだと感じながらも、わたしはひそかに、彼がもっとも不幸だった時期に作った音楽のほうをむしろ好んでいた。

リアリティに見切りをつける

デヴィッド・ボウイのリアリティとは何だろう？　わたしがここでとくに念頭に置いているのは、二〇〇三年に出されたボウイの『リアリティ』のタイトル曲である。何と言えばいいだろう？　アール・スリックの華やかなギターと「ハロー、宇宙少年《スペースボーイ》」の執拗で、ほとんど軍隊的なスタッカートのドラミングを起用した、とてもラウドな曲なのだが、しかし、どことなくむしろいっそう閉所恐怖症的で激しい。冒頭部は「悲劇の少女」とのとりとめのない性交渉をめぐる『アラディン・セイン』風の回想であり、それは結局、彼女が「わたしのアレをくわえて」終わる。するとすばやくコーラスによる一連の、一見したところ自伝的なイメージの数々へと移行する――

わたしはわたしたちを分かつ音の壁《ウォール・オヴ・サウンド》を築いた
みじめな恍惚感の屑《ジャンク》のあいだに隠れた
惑星Xから惑星アルファへと急いだ
リアリティを求めて必死に。

歌の語り手とボウイ自身を混同することにはつねに慎重でなければならないが、音の壁《ウォール・オヴ・サウンド》とは、フィル・スペクターへの暗示であるとともに、ボウイが一九七〇年代初頭にジギーによって築いた幻想の壁でもある。彼はそれ以後、その壁の陰に隠れて、おびただしい量のコカインをやっていた。惑星Xから惑星アルファへ、「宇宙空間の奇人《スペース・オディティ》」から「スターマン」へ、さらに「灰は灰に《アッシェズ・トゥ・アッシェズ》」への絶え間ない移動は、リアリティを求める必死の奮闘として示され、そのあとに虚ろな大笑い、嘲笑の苦く冷ややかな愚弄の瞬間が続く――「ハハハハハ」。これはサミュエル・ベケットが『ワット』で純粋なる笑い《リスス・プルス》と呼んでいるものであり、混じりけなしの笑い、笑いを笑う笑いであって、「最高の冗談への挨拶、ひと言で言えば――どうかお静かに――不幸なものを笑う笑い」なのである。

「リアリティ」のこれに続く詩行は、加齢と力の衰えに関する内省を――「おや、この黄昏のなか、わたしの視力が衰えてゆく」――、ボウイが一九七二年以降定期的にライヴで歌ってきたジャック・ブレルのバラード「わたしの死《マイ・デス》」への暗示と結びつけている――「いまやわたしの死はただの悲しい歌以上のものだ」。しかし、こうした洞察は、気の抜けたように二度発せられる連続音によって、鮮やかに断ち切られ覆される――「ダダダダダダダダ」。リアリティについて正確には何を言えるだろうか？　「ハハ」？　あるいはもしかしたら「ダダ」か？　選択はあなた次第だ。

見かけ上の記憶喪失を背景として、次のコーラスはこの歌のテーマ群をひとつにまとめ上げる——

どんなふうにしてこんなことになったのか、わたしにはいまだに思い出せない
その理由や原因がわたしにはいまだにつかめない
意味を求めながら、しかし、何にも近づくことがない〔＝無に近づく〕
さあ、リアリティへようこそ！
ハハハハ。

ボウイがアーティストとしてのキャリア全体を形容して言う、リアリティを求める必死の奮闘は、完全に失敗するものであることが示される。世界の意味をくみ取れるような盤石のリアリティなどというものはない。わたしたちが必死に追い求めれば求めるほど、わたしたちが何ものかにいっそう近づくということはない〔＝わたしたちはいっそう無に近づく〕。意味は無意味さのうちに散逸する。二〇〇三年の『サウンド・オン・サウンド』誌に掲載されたとても良い記事で、ボウイはリアリティを「ひとつの抽象物」と表現している――

過去二十年以上のあいだに、多くの人びとにとってリアリティはひとつの抽象物になったのだと思う。彼らが真理と見なしていた事柄はまるっきり溶け去ってしまったように見えるし、わたしたちはいまやほとんど、あたかもポスト哲学的に思考しているかのようだ。依拠できるものはもう何もない（＝依拠できるのは無だ）。知識ではなく、毎日わたしたちのまわりにあふれているように見える事実についての解釈があるのみ。知識は背後に取り残されてしまったように思われるうえ、自分たちが海原を漂流しているような感覚がある。しっかりと堅持できるものはもはやなく（＝しっかりと堅持できる無がさらにあり）、そして、もちろん政治的状況はボートをいっそう沖へと押しやるばかりだ。

このように、ボウイはわたしたちがポスト哲学的状況に入り込んでしまったらしいと宣言する。わたしが本書の冒頭近くで触れたテレビ化した人生をめぐるウォーホルの言葉に立ち返るならば、リアリティは幻となったのだ。アンディ・ウォーホル、銀幕《シルヴァー・スクリーン》、まったく区別がつけられない。メディア、ソーシャル・ネットワーク、さらにわたしたちが自分の監獄の壁をよりいっそう高く築くために用いるその他のたわ言といった、幻想的なリアリティがもたらす断続的な圧力に直面して、いかなる真のリアリティへの道もわたしたちの眼から隠されているように見える。わたしたちにできるのは、幻に別の幻を対置し、彼らのフィクションからわたしたちのフィクションへと移動し、ボウイが「結局は《アフター・オール》」で歌っていた無《ナシング》を必死に堅持する〔＝何ものにもすがらない〕ことだけである。

「リアリティ」の最後にさしかかると、いささか重苦しくほとんど捨てばち気味のノイジーで叩きつけるようなロックらしさが突如として消え去ってしまう尋常ではない瞬間があり、ボウイは一本のアコースティック・ギターのみを手に取り残される――「宇宙空間の奇人」の冒頭におけるように。振り出しに戻って、ボウイは不可知論者のようにこう結論づける――

わたしは正しかったし間違っていた
いまやわたしは自分の始めた場所に戻ってきた
わたしはけっしてリアリティの肩越しに見ることはなかった。

ソクラテスがギリシア随一の賢人であると称されるのは、彼が自分は何も知らぬ〔＝無を知っている〕と主張したからだとすれば、リアリティに関するボウイの立場は、ポスト科学的であるほどにはポスト哲学的ではないのかもしれず、あるいは、科学をめぐる実証主義的概念の挫折ののちに登場するものなのかもしれない。哲学を知識《ナレッジ》の探求と同一視するのは性急に過ぎる。それはむしろ知恵《ウィズダム》への愛と理解されたほうが良い。哲学とは科学以前・以後《ビフォア・アンド・アフター・サイエンス》〔イーノのアルバムを暗示〕に登場する知恵への、そのような愛なのである。

神の墓のうえで遊ぶ

この異教的《ヒーザン》存在との対立のうちに、わたしがボウイのアートの宗教性と呼んでみたいものを見出せるかもしれない。『スペース・オディティ』の「わたしが善良であることを神は知っている《ゴッド・ノウズ・アイム・グッド》」や、ボウイが「神も若者であることにわたしは気づいた」と唱える『世界を売った男』の「円軌道の幅《ザ・ウィドゥス・オヴ・ア・サークル》」のように、ボウイの歌詞のヴォキャブラリーにおいて神はつねに大きな役割を演じてきた。

数多くの可能性のなかからひとつの例を取り上げれば、一九九九年のアルバム『アワーズ…』は、中世の祈祷用時祷書《ブック・オヴ・アワーズ》の伝統を参照しているのかもしれない。時祷書はしばしば懺悔詩篇七篇を含むが、「七《セヴン》」がこのアルバムの一曲の名であることはおそらく偶然以上の何ごとかであろう。この曲にはこんな詩節が含まれている——

神々はわたしを作ったことを忘れてしまった
だからわたしも彼らを忘れる
わたしは彼らの影に耳を傾け
彼らの墓のあいだで遊ぶ。

神々の墓のあいだで遊ぶというのは冗談のように聞こえるかもしれないが、たぶんこれはゲームではない。影たちはときに、長く続く恐ろしい何かでありうる。

ボウイの歌のいくつかには力強い祈りないし聖歌に似た性格があるが、それがもっとも顕著なのは、何らかの神に向けたコーラスを有する「言葉を一翼に載せて《ワード・オン・ア・ウィング》」である——

主よ、わたしはひざまずき、あなたに捧げます
わたしの言葉をひとつの翼に載せて
そしてわたしは懸命に努めています
あなたの定めた事態に合わせようと。

この直前にボウイは打ち明けるように歌っている——

信じているからと言って、わたしが考えないというわけでも
天国あるいは地獄で、すべてに疑問をもつ必要がないというわけでもない。

「ステイション・トゥ・ステイション」とは、冒頭部のシンセサイザーによる蒸気機関車の走行音が示唆するように、鉄道旅行のことである。しかしそれはまた、エルサレムでイエスがゲッセマネからゴルゴダへとたどった苦難の道《ヴィア・ドロローサ》の留《りゅう》〔中継地点〕でもある。カバラの秘儀にどっぷり漬かったボウイの歌詞は、神的なものと人間的なものをつなぐ通路や人間的なものがもちうる神性に関わっており、それはキリストの受難という悲劇の総体をなしている。神の隠された至高の王冠、すなわちケテル〔カバラにおける王冠〕から、地上のイスラエルにおける神の王国、すなわちマルクト〔カバラにおける王国〕へと向けて——「ケテルからマルクトへのひとつの魔術的《マジカル》な道行き」。

もちろん、これはただたんにコカインの副作用に過ぎないのかもしれない。しかし、「ステイション・トゥ・ステイション」のうちに神的なるものとの魔術師《マグス》〈シモン〉的な同一化を見出せるとすれば、これ以後のほかの場所での神には、パラノイアを誘発する、徹底して抑圧的な響きが聞き取れる。ボウイの一九九五年のアルバム『アウトサイド』は、たとえば「ノー・コントロール」におけるように、監視されているということの感覚に満たされている——

自分の場所にしっかりと腰を据えて
神に自分の計画を言うんじゃない
何もかも狂っている
ノー・コントロール。

コントロール、あるいはむしろその不在は、ボウイの音楽において巨大なテーマであり、生々しい脅威感を引き起こしかねない。世界はコントロールできず、その結果として生じるパラノイアは激烈である。「ゆっくりと燃える《スロー・バーン》」の歌詞によれば、「壁にはきっと眼があり、ドアには耳があることだろう」。

ボウイのうちには根強い反教権主義と組織化された宗教のあらゆる既存形態に対する抵抗があり、そこにはキリスト教に対して留保された特別な激しい感情がともなっている。このことはボウイのもっともひどい、恐ろしいほど演出過剰な歌のひとつである「モダン・ラヴ」にさえ認められるだろう。この歌では、ひとを威嚇するような教会が神と人間との関係と対立させられている。しかし、この神対人の関係は「告白」も「宗教」も要求しない。こうした考え方は、十字軍のモチーフを使って政治的蛮行を批判し、暗黙のうちにキリスト教信仰の責任を問う、一九八四年の「よそ者を愛す《ラヴィング・ジ・エイリアン》」において、一種の偶像破壊的な頂点に達する。よそ者を愛するという欺瞞に屈服することは、たんに戦争、侵略、拷問をより受け入れやすくすることでしかない。そのようなよそ者への愛ゆえに、ひとはひとを殺すことができる。ひとは殺人を楽しむことすらできるのだ——それが正義だという理由で。

堕落した聖職者という人物像が、ボウイにおいては何度も繰り返し登場する。『ザ・ネクスト・デイ』のタイトル曲がそうである。フローリア・シジスモンディによる附録ヴィデオではそれが、悦楽的、マニエリズム的な過剰さにまでいたっている。このヴィデオは、ゲイリー・オールドマンを頽廃した聖職者役に、マリオン・コティヤールをキリストの聖痕を身に受ける娼婦／神秘家役に、そしてボウイ自身を、結末で突然姿を消し、おそらくは昇天したのであろう、最後の審判の日の預言者役に起用している。聖職者は「憎しみに身をこわばらせながら、始めろと求める／自分の喜びのために、男装させた女たちをもてあそぶことを」。ボウイはこう続ける――

最初に彼らはあなたにあなたの望むすべてを与え
それからあなたのもつすべてを奪い返す
彼らはみずからの足で立って生き、ひざまずいて死ぬ
彼らは聖人のように装いながら、サタンとともに働くことができる
彼らが神は存在すると知るのは、悪魔が彼らにそう告げたからだ
彼らはわたしの名を大声で、下方の井戸のなかへ向けて叫ぶ。

ボウイは教会や聖職にとりつかれているが、わたしが思うにそれは、聖職者たちが超越性の経験を不正に我が物とし、烙印を押し、市場に売り込み、その道徳を説いてきたからだろう。中世の偉大な神秘家マルグリット・ポレートであればこう言うだろう――大なる聖教会は小なる聖教会へとみずから縮減してしまったのだ、と。神の教会のためになされる唯一の議論は、サタン、悪魔、アンチキリスト、敵対者との聖戦から由来するように見える。この光のもとで見るとき、ボウイはときに、偶像破壊的なルター派に似る。わたしたちの文明の異教的《ヒーザン》存在と既存の組織宗教の頽廃に愕然とさせられて、彼は真の宗教性、教会や国家に汚染されていない霊的生活の次元にあこがれている。疑いもなくこれこそは、ボウイをごく初期に、仏教の寛大で開かれた腕のなかへと駆り立てたものなのである。

恐れなしに

〔＝恐るべき無〕

真の宗教性へのこうした希求に似た何かは、『ヒーザン』の絶妙で繊細、緻密に織りなされた冒頭の歌のうちに感じ取ることができる。「日曜《サンディ》」というそのタイトルはキリスト教の安息日を含意するとともに、ウォレス・スティーヴンズの「日曜の朝」への〈ヴィトゲンシュタインの言う〉家族的類似をも示唆している。この詩自体が、「死こそが美の母、謎に満ちた」と結論づけるに先立ち、キリスト教信仰との格闘を経ている。

ボウイは「日曜」を、アップステート・ニューヨークのキャッツキル山地にあるアレール・レコーディング・スタジオのひなびた環境のなか、朝のとても早い時間に書いた。彼は『インタヴュー』誌にこう語っている――

わたしは朝とても早く、六時頃には起きて、ほかの誰も来ないうちにスタジオで仕事をしたものでした。「日曜」の歌詞は口を衝いて出てきました。その歌は、通しで演奏しているうちに、ほとんど書かれたようなかたちで生まれ出たのです。そのとき下のほうの土地には草を食《は》む二頭の鹿がいて、貯水池の向こう岸をとてもゆっくりと行き過ぎる一台の車がありました。これは朝のとても早い時間のことで、わたしが屋外に見ていた光景には、非常に静かで根源的な何かがあり、この曲を書いていたちょうどそのとき、わたしの顔を涙が伝って落ちました。それはまったく尋常ではないことでした。

「日曜」は聖なる歌、祈り、あるいはたぶんこのほうがより適切だろうが、詩篇由来の讃美歌であり、それをボウイは神に向けたこんな言葉で締めくくっている――「わたしのすべての試練を、主よ、記憶に留めたまえ」。この歌はニューヨークにおける9・11のテロ攻撃に対する応答と解釈されたが、しかし、そのイメージはすべて、蕨《わらび》の茂みや鳥たち、熱と雨を語る、牧歌的なものである。ボウイはそのもっとも敬虔で信心深い状態にあり、無《ナシング》という単語がこの歌を引き締め、そこに区切りを付けている。彼は「何も残らない《ナシング・リメインズ》（＝無が残る）」という言葉で始めている。この曲の核心はわたしたちがどのようにすればこうした無を堅持することができるかに関わっている。この歌がゆっくりと立ち上がってくるにつれて、ボウイはこう歌う――

なぜならじつのところ、これは無の始まり

そして何も変わらず（＝無が変わり）
すべてが変わってしまった
なぜならじつのところ、これは終わりの始まり
そして何も変わらず（＝無が変わり）
すべてが変わってしまった。

ボウイは無《ナシング》とすべて《エブリシング》のあいだの明らかな矛盾を調停することを、頑として拒んでいる。無が変化した（＝何も変化しなかった）と同時に、すべては変化したのである。しかしこの歌は、すべてが無であるとか、またはその逆であるとかといった、或る種の鈍重なニューエイジ的満足感の表現ではない。これは音楽版の抗不安薬《ザナックス》ではないのだ。「日曜」を一ミリ秒ごとに下支えしているのは、死にいたる恐れ、おののき、病いのムードである。このことは歌の中心部で、

ひとつだった声が二つになり、トニー・ヴィスコンティの仏教的な二音の詠唱がボウイに寄り添うときにあらわになる。ヴィスコンティの声はこんなふうに唱える――

恐れのなかで、平和のみを求めよ、
恐れのなかで、愛のみを求めよ、
恐れのなかで、恐れのなかで。

他方でボウイはそれに被せてこう歌う――

恐れのなかで、
わたしたちがなるにいたったものへの

火を取り
いまや燃やさなければならない
わたしたちの存在すべてを
ともに昇ろう
これらの雲を通り抜けて。

わたしたちがなるにいたったものへの恐れのなかで、時間のぼろ布と継ぎ当てをまとったわたしたちの肉体とともに、わたしたちは自分たちの存在すべてを燃やさなければならない。わたしたち自身を消滅させ無化させたときにのみ、わたしたちは立ち上がり、雲を通り抜けて上昇してゆくだろう。上方へ。この箇所、この歌のクライマックスで、ユニゾンした二つの声は音を伸ばしながらこう歌う――

翼に乗るように

これはほんとうにぞくぞくするような瞬間であり、スティーヴンズの詩の末尾と響き合っている――

……何気《なにげ》ない鳩の群が、
あいまいな波形《なみがた》を描きながら、
翼をひろげて、下の闇のほうに沈んで行く。

スティーヴンズの鳥たちは沈んでゆくが、ボウイはまさに不死鳥のように、上昇しながら終わりを迎える。何も残っていない〈＝無が残っている〉。すべては変わってしまった。

太陽、雨、火、わたし、あなた

わたしたちはいまどこにいるのか《ホエア・アー・ウィー・ナウ》？　わたしはボウイのアーティストとしてのたぐいまれなディシプリンについて語った。彼はみずからが幻想であると知っている幻想の創造者である。わたしたちは幻想から幻想へと彼のあとに従ってゆくことを学び、そうやって成長した。幻想の背後にあるのは、けっしてとらえられぬリアリティではなく、無である。しかしながらこの無は、あたかもそう見えるように、無価値なものではない。それは空虚や運動の停止ないし中断ではない。それはとてつもなく活動的な無であり、わたしたちの恐れ、とりわけ死の恐怖《ティモール・モルティス》、死にいたる恐ろしい病いによってかたちづくられている。

なぜなら、じつのところ、それは終わりの始まりだからである。あらゆる一瞬は終わりの始まりである。そして死こそが美の母、謎めいた、もっとも音楽的な母なのだ。最終的な宥和、最終的な平和というものはない。これこそ、わたしたちが休みなく怯えていることの理由である。しかし、これこそはまた、ボウイのような人物が、まがい物の神々のうちに偽りの慰めを見出すことなく、問いかけ続け、作り続け、絶えることなく驚かせ大いに喜ばせ続けることができる理由でもある——今日この日に、その翌日《ザ・ネクスト・デイ》に、そしていつか別の日に。

ほんのちょっとのあいだだけ、ひとつの歌、一見したところ馬鹿げた、単純でたわいもないポップ・ソングが続くあいだだけ、わたしたちは自分たちについての被造物的《クリーチャリー》（あるいはクリッチリー的）なものすべてを脱創造することができ、存在の何か別の仕方、ユートピア的な何かを思い描くことができる。これこそ、ボウイの音楽から語りかけてくる、途方もなく大きな希望である。これがボウイの歩み、不条理なものの威厳と人間なるものの存在に直面して取られた自由の行為なのだ。これこそが、彼の詩の力なのである。

二〇一三年一月八日火曜日、ボウイの六十六歳の誕生日の朝、素晴らしく、かつ、まったく予期していなかった何かが起きた。ブルックリンの真冬の虚ろな寒さのなか、ベッドを出たわたしは、ボウイ・ファンの旧友であるキース・アンセル＝ピアソンとジョン・シモンズからのメッセージを見つけた。ボウイの新しい歌が、トニー・オースラーの驚くべきヴィデオとともに、いましがた何の予告もなしにインターネットで公開されていたのである。

わたしは内心信じられぬ気持ちで「わたしたちはいまどこにいるのか《ホエア・アー・ウィ・ナウ》？」を

見た。この歌は午後三時にはUKのiTunesチャートで一位になっていた（これこそ、ひとの世の速さ《スピード・オヴ・ライフ》だ）。

この歌は過去について、とくに一九七〇年代末のベルリンでボウイが過ごした時間——彼がもっとも多産的・創造的だった時期——をめぐっている。ボウイ自身かつて、自分がレコーディングしたほかの何ものもこの時代の作品には及ばないと認めていた。「わたしたちはいまどこにいるのか？」はエピソード的な回想の行為であり、提喩《シネクドキ》や断片の散乱であって、それらはポツダム広場《プラッツ》、ジュングル〔ジャングル〕・ナイトクラブ、カーデーヴェー・デパート、そして東ベルリンと西ベルリンのあいだのかつての国境検問所ベーゼ橋《ブリュッケ》といった場所の名を挙げることを通して呼び集められている。ボウイは「歩く屍」となった「時のなかをさまよう男」である。

このヴィデオが新しいアルバム『ザ・ネクスト・デイ』のヴィジョンと一体になって自分に与えた印象を、わたしはとうてい説明できない。そのジャケットは一九七七年の『「ヒーローズ」』のジャケットの偶像破壊的な抹消だった。アルバムは三月八日にリリースされ、予約注文の商品としてこの日の朝、わたしのiPhoneにそっと入り込んだ。もちろん、素晴らしかったのは、このアルバムがそもそもまさに存在しているというそのことだった。とはいえ、助かったのは、それが本当に良いものだったことだ。わたしが言いたいのは、それがわたしを幸福にしてくれたということである。ボウイはまだ死んではいなかった。とんでもない。わたしたちもまた死んではいなかった。太陽、雨、火、わたしとあなたが存在する限りは〔「わたしたちはいまどこにいるのか？」の歌詞を示唆している〕。

ボウイは『ザ・ネクスト・デイ』に付随する四つのヴィデオ作品をリリースした。しかし、インタヴューはなく、ツアー日程の発表もなく、解説もメディアのから騒ぎもなかった。これらすべてがとても素晴らしかった。ボウイはサウンドとヴィジョンを作り上げた。それ以外には何もなかった。わたし個人としては、無知で無礼なホストたちとの馬鹿げたトークショーに登場し、その最高の、洒落臭い《チーキー》コックニー英語のアクセントと考え抜かれた逃げ口上でおしゃべりするデヴィッド・ボウイは必要なかった。しかし、彼の音楽こそを、心から必要としていた。[*]

この二〇一三年という年のさらにもうひとつの記憶——別の大きなボウイ関連のイベントは『デヴィッド・ボウイ・イズ』、ロンドンのヴィクトリア・アンド・アルバート美術館で六か月間開催されてから、世界各地（トロント、サン・パウロ、ベルリン、シカゴ、パリ、メルボルン、フローニンゲン、ボローニャ、東京、バルセロナ、ニューヨーク）へのツアーに出た展覧会だった。

ロンドンの観衆の数は圧倒的だった。六月初めの或る朝、V&Aに到着したとき、行列があまりに長かったので、わたしは結局、なかに入ろうとするのをあきらめてしまった。しかしそのあとで、お金を払わずに忍び込む方法を見つけた——二人の特別ゲスト（どんな人物かは知らないが、ひとりの女性と彼女の子供）の後ろにぴったりくっついてゆくのである。彼女らはエスコートされて守衛たちのそばを通り抜け、展覧会場へと案内されていった。わたしは頭を垂れたまま、ゆっくりと後ろに付き従っていたから、わたしたちは聖家族をかなり年上にしたヴァージョンのように見えた。わたしはなかに入った。館内でわたしは、ベルリンのアパートの鍵束にまでいたる、ボウイが保管していたものの物量にびっくりさせられてしまった。つまりその、誰がこんなことをするだろうか？

展覧会のクライマックスは、一九七〇年代にまでさかのぼるライヴ・パフォーマンスの断片からなる大量のヴィデオ映像が、まわりの三方の壁いっぱいに展開された巨大な一室だった。この場所はひとでいっぱいだった。運良く、わたしは席を見つけ、四十分ばかりそこに座って、ひと続きのヴィデオの終わりの部分とその次の回全体に没入した。

それはまったく適切にも「ロックンロールの自殺者」で終わっていた。たぶん一九七三年七月、ハマースミス・オデオンでのパフォーマンスからの映像である。歌が終わった。照明が明るくなった。わたしのまわりで、人びとはただただ微笑んでいた。ひたすら幸せだった。素晴らしい《ワンダフル》。ああ、いや違うんだ、いとしいひと、きみはひとりじゃない。

ボウイには立ち止まってほしくない、とわたしは胸中でつぶやいた。しかし、彼は止まるだろう。そして、わたしもまた。

＊わたしの知る限りでは、ボウイが『ザ・ネクスト・デイ』に関する公的な沈黙をただ一度だけ破ったのは、ボウイが賞賛していた作家であるリック・ムーディに宛てて、四十二語ほどのダブル・スペース左揃えのリストを送ったことである。このアルバムのフロー・チャートのように機能するこのリストは、「人形《エフィジー》」、「アンチキリスト」、「冥府的」、「転移」、「軽やかな飛翔」、「暴君」、「葬儀」、「滑走」、「痕跡」、「悲劇的」、そして「神経」といった興味をかき立てる言葉を含んでいる。ムーディはこれらの単語のひとつひとつを、『ザ・ネクスト・デイ』に関する明晰で啓発的な、幅広い考察のための手がかりとして用いている。それはこのアルバムについてわたしが眼にしたなかで群を抜いて優れた著作であり、このアルバムをボウイのほかの作品の広範な文脈のうちに位置づけ、それをシリアスで重大かつコンセプチュアルなアート作品として扱うことによって、正当にも高尚なものにしている。次を参照。http://therumpus.net/2013/04/swinging-modern-sounds-44-and-another-day/

ノーと言いながらイエスを意味する

「わたしは過去のすべてを恥じ入らせてしまうような、
心性やものの見方における未来の革命を信じている。」
フリードリヒ・ヘルダーリン

死の数日前にリリースされた『ブラックスター』のタイトル曲で、ボウイは「わたしはポップ・スターではない」と歌っている。わたしにとって、そして、数百万の彼のファンにとって、彼ははるかにそれ以上の存在だった。彼はわたしたちに自分が生きているとにかく感じさせてくれる何者かだった。このことが彼の死をあまりにも受け入れがたくさせているのである。

年月を経るに従って、ボウイのサヴァイヴァルはわたしにとってますます重要になっていた。彼は継続していた。彼は耐えていた。彼は進み続けていた。彼は自分のアートを作り続けていた。彼は圧倒的な美的ディシプリンを駆使して、創造し、生き残っていた。いかにも、サヴァイヴァルは彼のアートのテーマになっていたのである。ボウイの死はまったく間違っているように感じられる。彼なしでわたしたちはどうやって進み続けられようか？

ボウイは未知の喜びと輝くばかりの知性の世界を体現していた。彼はわたしたちが住んでいた郊外の地獄めいた場所からの避難路を提供してくれた。ボウイは、不平不満を抱いていた人びと、自分自身であることになじめなかった人びと、人付き合いが苦手な人びと、そして、社会から疎外された人びとにもっとも雄弁に語りかけた。彼は奇人変人たち、アウトサイダーたちに語りかけ、わたしたちを並はずれた親密さで迎え入れ、わたしたちひとりひとりに個別に手を差し延べていた——わたしたちはそれがまったくのファンタジーだとわかってはいたけれど。しかし、間違いなくこれはラヴ・ストーリーだった。わたしの場合、四十四年間あまりも続いたラヴ・ストーリーだったのである。

ボウイ死去のニュースを聞いたあと、わたしは彼が「何も残らない《ナシング》・〈＝無が残る《リメインズ》〉」と歌うのを聴いた——二〇〇二年のアルバム『ヒーザン』の物憂げな最初の曲、「日曜《サンディ》」冒頭の言葉である。この歌はいまや死者を悼む悲歎、祈り、あるいは讃美歌のように思える。当然ながら、これらの言葉をあからさまにボウイの死に照らして解釈しようとする、きわめて強い誘惑にかられる。彼の死ののち、わたしたちには何も残されてはいない。すべては失われてしまった。

しかし、これは重大な誤りであろう。

この小さな本で見てきたように、「無《ナシング》」という言葉はボウイの作品全体を引き締め、そこに区切りを付けている――『世界を売った男』の「結局は《アフター・オール》」の「無を堅持する」から、『ダイアモンド・ドッグス』のまばゆいばかりのディストピア的なヴィジョンや「「ヒーローズ」」の「わたしたちは無であり、無がわたしたちを救えるのである」というリフレインを経て、さらにはるばると、この三十年間におけるまさに彼の最高のレコードであろう『ブラックスター』という偉業にいたるまで。無はボウイのいたるところにある。その粒子は彼の数多くの歌を貫いて行き交っている。

これはボウイが或る種のニヒリストであったことを意味するのだろうか？ それが意味するのは、彼の音楽が、『ダイアモンド・ドッグス』の文化的崩壊から、『ロウ』の抑鬱的倦怠を経て、「ラザルス」の明らかなメランコリアにいたるまで、或る種の陰々滅々たるメッセージであるということなのだろうか？

まったく逆である。『ブラックスター』を取り上げよう。いまや死後の世界から彼のファンたちに宛てたメッセージと見なされねばならぬアルバムであり、わたしや多くの人びとはそれを、一月八日のリリース以降、押さえがたい衝動のままに聴き、その後、ニューヨークでは二〇一六年一月十一日月曜日の午前一時三十分に彼の死のニュースが公表されて以降、異なる耳で聴くことになった。最後の曲、「わたしはすべてを与えきることはできない《アイ・キャント・ギヴ・エヴリシング・アウェイ》」——そのタイトルは数十年以上にわたってボウイのリスナーたちが訴え続けてきた、意味を求める要求に応答したものである――のなかで、ボウイはこう歌う――

多くを見るほどに感じることは少なく
ノーと言いながらイエスを意味する
これこそわたしがいままで語ってきたすべて
それがわたしの送ったメッセージだ。

ボウイの否定性の内部、一見したところの拒絶と陰鬱さの下には、明瞭なイエスを聞き取ることができる。それは生の混沌とした複雑さのみならず、その恍惚と歓喜の瞬間のすべてにおける、絶対的で無条件な生の肯定である。思うに、ボウイにとっては、社会的慣習のまやかし、組織された宗教のカトリック的制度とごまかし、そして、わたしたちの文化を蝕んでいる押しつけられた幸福といったすべてをわたしたちが一掃したときにのみ、彼の音楽のいたるところで鳴り響いているイエスを耳にすることができるのである。

ボウイの音楽とそのうわべにある否定性の核心には、ひととの結びつきに対する、そして、何よりもまず、愛に対する心の底からのあこがれがあるのだ。

ボウイが否定していたものとは、とくにジェンダーおよび階級に関連して、わたしたちの手足を縛っていたアイデンティティをめぐるたわごと、偽り、膨れ上がった社会的意味、伝統、泥沼的状況といったすべてだった。彼の歌はこれらすべての意味がいかにもろいものであるかを暴露し、わたしたちに再発明のための可能性を与えてくれた。それらの歌はわたしたちに、自分たちの変化への可能性は、彼のそれと同様、無限であるかのように信じさせてくれたのである。

もちろん、先に述べた通り、わたしたちが自分自身をどこまで作り直すことができるかについては限界があり、死による限界が明らかに存在している――永遠の存在に見えたボウイにとってさえも。しかし、ボウイの歌を聴くとき、わたしには変容へのたぐいまれな希望が聞こえる。そして、わたしはこの点で自分だけがそうであるとは思わない。

わたしたちの欲望のもっとも深いレヴェルに触れるような、腑に落ちる勘所をこの希望に与えているその核心とは、ボウイが「ロックンロールの自殺者」で歌っているように、「ああ、いや違うんだ、いとしいひと、きみはひとりじゃない」という感覚、わたしたちは英雄になれる、ただ一日だけならという感覚、そして、ただ一日だけであれば、わたしたちは、自分自身であることの意味について何かあらたな感覚を備えて、わたしたち自身でありうるという、そのような感覚である。これはまた政治的な意味をもつ。ボウイはしばしば誤って、とりわけかつて一九七〇年代には、或る種の右翼のナショナリストと見なされていた（ミック・ジャガーやポール・マッカートニーとは異なり、ボウイは女王からのナイト爵位授与の申し出を二〇〇三年に辞退していることを、いささか嬉しく思いながら、記しておく）。

また別の、とりわけ力強い詩行が、『ブラックスター』の「特売の日々《ダラー・デイズ》」にある。ボウイはこう歌う——

もしわたしがけっして眼にすることがなければ

わたしが駆け寄りつつある、イングランドのとこしえの緑を
それはわたしにとって何ものでもない〔＝無である〕
それは眼を向けるほどのものではない〔＝眼を向けるべき無である〕

ボウイはいまやこのとこしえの緑をもうけっして眼にすることはないだろう。しかし、これは彼にしてみれば物憂いノスタルジアではまったくない。その緑は彼にとって何ものでもなく〔＝無であり〕、眼を向けるほどのものではない〔＝眼を向けるべき無である〕のだから。ボウイのしばしばディストピア的な歌詞には、ユートピアへの訴え、わたしたちが誰であるかのみならず、わたしたちがどこにいるかをめぐる、ありうるかもしれぬ変容への切なる願いが隠されている。

わたしにとってボウイは、イングランド性に宿る窮屈、狭量、無慈悲な「ノー」の内部に「イエス」を切望してやまない、ユートピア的美学の伝統の最高峰をなすひとりである。彼の音楽があこがれ、わたしたちに想像させるものとは、より鋭いヴィジョンとより研ぎ澄まされたサウンドに込められた、人びとがともにあることの新しいかたちであり、欲望と愛のあらたな激しさだった。少なくともわたしが思い描く限りでは、これはこの章の冒頭をなす詩人ヘルダーリンからの引用のうちにわたしが聞き取ろうとしているものである。ボウイの音楽は心性やものの見方における未来の革命をわたしたちが想像できるようにする。異なる聞き方をするうちに、わたしたちは過去を恥じ入らせるような仕方でふるまい、見ることができるかもしれないのである。

月曜《マンデイ》はいったいどこに行った?

ボウイの音楽はわたしたちに差し伸ばされた手を与え、もっとも暗い場所、もっとも寂しい場所へとわたしたちを導いてゆくが、そこはまたもっとも優しい場所でもあり、わたしたちが愛を必要とし、欲望が深く感じ取れる場所でもある。彼の音楽は冷たくはない。それは冷たさの対極にある。

甚大で隠しようもない悲しみにもかかわらず、ボウイの死は最高の死だった。重要な文化人について「良い」死というもの、威厳ある死がいままでにあったとすれば、この死こそはそれだった。もし死が芸術作品となり、ひとりのアーティストの美学と完璧に一致した声明になりうるとしたら、それこそ二〇一六年の一月十日に起きたことである。ボウイは死をアートに変え、アートを死に変えた。彼は二十七歳で死ぬ愚かなロック・スターの死を死ぬことがなかった。彼はまた、ファンたちを破滅した人生の瓦礫とともに岸辺に残したまま、中毒、衰弱、恥辱の霧のなかへと次第に消え失せてゆくこともなかった。これは新しいアルバムに耳を傾けるファンたちすべてとともにありつつ、プライヴァシーのうちに守られた気高い死だったのである。

　もちろん、ボウイの作品ははじめから死をめぐっていた。「宇宙空間の奇人《スペース・オディティ》」で、トム少佐は宇宙空間に漂い出て、自分が商品形態に還元されていることを明瞭に意識し、愛していると妻に告げながら死んでゆく。以下同様に、ジャック・ブレルの「わたしの死《マイ・デス》」のボウイによるスコット・ウォーカー風にアレンジされたカヴァーから、「ロックンロールの自殺者」を経て、『ダイアモンド・ドッグス』の「われら死者たち《ウィ・アー・ザ・デッド》」や、さらに『ザ・ネクスト・デイ』の「あなたは死にたいほどの寂しさを味わう《ユー・フィール・ソー・ロンリー・ユー・クッド・ダイ》」のような、素晴らしい後期の曲などである。最後の曲は憎しみをめぐるラヴ・ソングであり、こんな言葉で終わっている――

忘却があなたを所有するように
死のみがあなたを愛するように
わたしは望む、あなたが死にたいほどの
寂しさを味わうことを

一月八日から十日のあいだの、『ブラックスター』に対するわたしの最初の反応はとてもシンプルだった。ボウイのアルバムらしく聞こえる、というものだ。「これはじつにいい」と、単純かつ愚かにも考えていたことを思い出す。なるほどたしかに、それはジャズ的で、メランコリックだったし、新顔のミュージシャンたちを起用していたけれど、過去との完全な断絶ではまったくなかった。ファンにとって『ブラックスター』は、ボウイのもっとも優れたレコードの多くの特徴をなす、目新しさと継続性の混在を提供していた。

タイトル曲のヴィデオが二〇一五年十一月十九日にリリースされてから、わたしはそれを数えきれぬほど何度も見た。わたしは「スー（あるいは犯罪の季節に《イン・ア・シーズン・オヴ・クライム》）」や「哀れ、彼女は娼婦《ティズ・ア・ピティ・シー・ワズ・ア・ホア》」といった『ブラックスター』のいくつかの曲を、異なる、わたしが思うに劣ったミックスによってではあるが（これらの曲は両者とも『ブラックスター』ではるかに体感的で力強い）、すでに知っていた。「わたしはすべてを与えきることはできない《アイ・キャント・ギヴ・エヴリシング・アウェイ》」のハーモニカ・パートが、『ロウ』の「新しい町での新しい仕事《ニュー・キャリア・イン・ア・ニュー・タウン》」を振り返ってなされた会釈のようなものであるのは明らかだった。「特売の日々《ダラー・デイズ》」はわたしに『アワーズ…』の「木曜の子供《サーズデイズ・チャイルド》」を連想させた。

　では、一月十一日月曜日にボウイの死を知ったことは何を変えたのだろう？　最初のショックに対処し、『ニューヨーク・タイムズ』のための記事を書いたあと、あの月曜の晩をわたしは、『ブラックスター』を繰り返し聴きながら、ずっとひとりで過ごした。それはまったく異なって聞こえたし、（明らかに馬鹿げてはいるが）ボウイが直接わたしに語りかけているように聞こえた。ボウイの声の宛先はアスペクトの変化を経験したように感じられた——それは無気味に響いた。わたしがそれまでの三日間憑かれたように聴き続けていた言葉が、突然一連の異なる含みをもったのである。

これがもっとも顕著だったのは「特売の日々」であり、その焼けつくような繰り返される詩行においてだった——

ただの一秒も信じないでほしい
　あなたをわたしが忘れつつあるなどと
わたしは努めている
わたしは熱望している《ダイイング・トゥ》

この歌の最後の言葉を聴いていたとき、突如として、「わたしは熱望している《ダイイング・トゥ》（I'm dying to）」が「わたしも死につつある《ダイイング・トゥ》（I'm dying too）」をも意味していることが明らかになった。この歌の最初にあるフレーズ「わたしは彼らの背中を逆撫でにしたいと熱望している」は、最後の言葉「わたしは熱望している《ダイイング・トゥ》＝わたしも死につつある（I'm dying to(o)）」へと次第に変化してゆく。これらの言葉はそれを聴いているうちに意味上の推移を遂げてゆくように思われた。彼もまた自分が死につつあることを知っており、こうわたしたちに告げていた——「わたしは倒れつつある」と。ボウイはまた、自分がけっしてわたしたちを忘れないと告げてもいた——彼のオーディエンス、彼のファンたち、彼を愛した人びとを。

わたしはこれに先立つ二日間のうちの多くを費やして、「ガール・ラヴズ・ミー」における『時計じかけのオレンジ』のアンソニー・バージェスによる人工言語ナッドサットと一九六〇年代ロンドンのゲイのスラングであるポラーリとのカクテルを解読しようと試みていた。しかし、一月十一日月曜日という一日の終わりには、この歌のメッセージはシンプルで明々白々だった。すなわち、「月曜《マンディ》はいったいどこに行った？」である。『ブラックスター』の音楽に何も変化したところはなかったが〔＝無が変化していたが〕、何かしらすべてが変化していた。ボウイのアートは彼の死後、どうしても異なる響きをもたずにはおかなかったのである。

こうした意味上の変化はたぶん「ラザルス」のヴィデオを見たときにもっとも明らかであり、もっとも痛切であろう。このヴィデオは一月七日にリリースされ、わたしはそれを彼の死の前に何度も見た。それは力強かった。しかし、彼の死後、そのヴィデオは見つめるのがほとんど耐えがたいものになってしまった。ボウイは突然、とても老いて見え、その皮膚は黄ばんで皺が寄り、顎の下あたりではたるんでゆるんでいた。彼は肉体的にとてももろく見えた。しかし、あらゆる悲劇的要素とともに、そこにはいまだに、多くの自虐的なユーモアが示されている。たとえば、「ニューヨークに着くときまでには《バイ・ザ・タイム・アイ・ゴット・トゥ・ニューヨーク》」と歌うときにボウイが激しく身を振って表わす、キュートでささやかなミュージカル風の歌と踊りのステップ、そして、カフカの作品の登場人物のように背中を曲げて古風な書き物机のうえにかがみ、何かを書いている、そのぎくしゃくした壊れた肉体の演じる喜劇に眼を留めてほしい。

彼は何を書いているのだろう？　自殺用の長い遺書だろうか？　買い物リストか？　誕生日プレゼントへの感謝の言葉だろうか？　定かではない。ボウイは死後の世界から直接わたしたちに語りかけているように見えるにもかかわらず（「ちょうど青い鳥のように／ああ、わたしは自由になるだろう」）、彼はまた、いまだに腹話術を使い、いまだに間接的に働きかけ、いまだに最後までキャラクター通りに語っているのである。たとえば、「わたしはあなたの尻を探していた」とボウイは歌う。こんなことは言いたくはないが、デヴィッドが最期の数か月と数週間のあいだ、あなたやそのほかの誰かの尻を探していたとは思えない。彼はラザルスという分身《ペルソナ》を通して語っている。ここでの手がかりは繰り返される詩行、「まったくわたしらしくないかい?《エィント・ザット・ジャスト・ライク・ミー》」である。なるほどたしかに、それはまったくボウイらしい〈=ボウイそのものに見える〉が、しかし依然として、純粋な形而上学的本質においてはボウイではない。彼のアートの戦略とは、その最後の最後にいたるまで、遠回し《オブリーク》なのである。彼はけっしてすべてを与えきることはできない。

ラザルス、ニュートン、グラフス

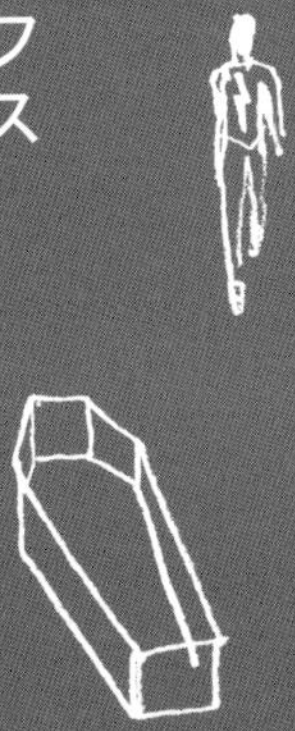

しかし、なぜラザルスなのか？　このテーマがわたしを当惑させ始めた。これは彼の最後のヴィデオの名称だっただけではなく、二〇一五年十二月七日にニューヨーク・シアター・ワークショップで開演した、ボウイがエンダ・ウォルシュと共作し、イヴォ・ヴァン・ホーヴェによって演出されたミュージカル作品の名でもあった。このミュージカルはまた、「ラザルス」の歌を見せ場のひとつとしており、マイケル・C・ホール（彼はもの凄いほどのボウイの物まねを徹底してやり切っている）が見事にそれを歌い上げている。わたしはこのミュージカルを二度眼にする幸運に恵まれた。一度はプレヴュー公演、それから初日のあと、十二月なかばにもう一度であり、このときにわたしは、観客たちおよびボウイの音楽監督であるヘンリー・ヘイとともにアフタートークを行なった。

ミュージカル『ラザルス』の物語は、ウォルター・テヴィスの一九六三年の小説にもとづく『地球に落ちてきた男』のストーリーを引き継いでいる。テヴィスの本を翻案したニコラス・ローグによる一九七六年の映画のラストでは、トーマス・ジェローム・ニュートンという異星人役《エイリアン》のボウイが、ニューヨークに暮らし、飲酒に関してかなり深刻な問題を抱えていた。ニュートンは年を取っておらず、死ぬことができない。ミュージカル『ラザルス』は映画のラスト・シーンから話を続け、ニューヨークのアパートにいるニュートンがおびただしい量のジンを飲み、トゥインキーのスナックバーを食べ、憑かれたようにテレビを見ている様子を示している。

『ラザルス』は、死ぬことができず年を取らない、地上に縛りつけられた異星人の物語である。死にえない無力さをもっぱら埋めているのは、『地球に落ちてきた男』においてニューメキシコのモーテルで彼が出会った客室係のメイド、メリー＝ルーという登場人物に寄せる愛の思い出である。彼女の映像が舞台中央を占めるスクリーン上にヴィデオによるフラッシュバックで投影される。壊れた心にさいなまれて、ニュートンはついに、あらたな架空の十代の少女の亡霊ないし空想《ファンタジー》の産物を魔術的に呼び出すにいたる。彼女は恋人だったメリー＝ルーと故郷の惑星で死んだ娘とのなかば近親相姦めいた合体である。最終的に、この少女は象徴的に殺されたのちに雲散霧消してしまい、ニュートンは、宇宙船に乗って打ち上げられて故郷の惑星に帰るという、完全に精神病的な妄想に屈服する。しかし、現実には彼がどこに向かっているわけでもないことは明らかだ。彼は地上に縛りつけられているのである。

ファンたちにとって、ボウイとニュートンの同一性は絶対的である。つねにそうだった。ローグの『地球に落ちてきた男』のスティル写真は『ロウ』と『ステイション・トゥ・ステイション』のジャケットに用いられた。ローグがボウイをニュートン役にキャスティングすることをそもそも思いついたのは、アラン・イェントブによる一九七五年のBBC2のドキュメンタリー『気のふれた男優《クラックト・アクター》』を見てからだった。この番組でボウイは彼自身を演じている——それが何を意味するにせよ。じつに奇妙なのは、最期の数年間にあったボウイが、この物語を再演し拡張しようとするほどまで、ニュートンというキャラクターに関心を抱いていたという事実である。しかし今回、ボウイはこの物語を自分自身の音楽で満たし、そのことによって、ボウイがサウンドトラック用に書いた曲をひとつも使わなかった一九七六年の映画におけるよりもさらにいっそう、ボウイとニュートンとの同一視が可能になっている。舞台上演では十五曲あまりのボウイの歌が取り上げられており、そのうちの四曲は未発表で、そこに「ラザルス」が含まれていた。

もちろん、とりわけ彼の死に照らしたとき、わたしたちは最期の数年間にボウイが行なったことを何でも自伝的なアレゴリーとして読み取ろうとしてしまうのであり、『ラザルス』に見出されるような一見したところ明白な一連の手がかりが与えられている場合にはとくにそうである。しかし、ボウイはニュートンという分身《ペルソナ》を支配しており、それを彼の音楽で繰り返されるテーマの数々——加齢、悲しみ、孤立、愛の喪失、世界の恐怖とメディアが誘発する精神病——のための媒体として動員しているのだ。ニュートンはボウイであって同時にボウイではない。この距離設定の行為を通してこそ、もっとも深い親密さがわたしたちに与えられているのである。

しかし、このミュージカルはなぜ『ラザルス』と名付けられたのだろう？そして、ボウイはなぜ、この名をもった曲を自分の最後のヴィデオ、公的な場への最終的な登場、彼の最後のカーテンコールのために選んだのだろう？　この点で、わたしたちは聖書を参照する必要がある。ヨハネによる福音書において、ラザルス〔ラザロ〕は石の墓に葬られてから四日後に、イエスが死者の状態から甦らせた人物である。地元のファリサイ派の人びとからの憎しみゆえに、いくばくかの個人的な危険をあえて冒して、イエスはユダヤの地のベタニアの村に戻った。ここはいまではウェストバンク〔ヨルダン川西岸地区〕の町アル＝エルザリヤとして知られている。イエスはこの帰還をラザルスへの愛ゆえに行なうのだが、それはとくにラザルスの姉妹マルタとマリアがイエスに示した優しさと信頼ゆえだった。マリアは「主に香油を注ぎ、自分の髪でその足をぬぐった」。イエスが「わたしは復活であり、命である。わたしを信じる者は、たとえ死んでも生きる。わたしを信じることによって生きる者は誰でも、けっして死ぬことはない」と告げるここは、新約聖書の物語《ナラティヴ》および神学における鍵となる重要な瞬間である。兄弟の死に接したマリアの悲しみをイエスが見たとき、ヨハネによる福音書はこう言う――「イエスは涙を流された」。

マリア、マルタ、イエスはラザルスの墓へ赴き、イエスは入り口を塞いで置かれている石を脇に取りのけなさいと命じる。マルタは「彼はそこに四日もいますから、いまごろは嫌な臭いがします」と訴える。しかし、イエスは救世主にふさわしくひるむことなく、彼女にこう言う――「もし信じるなら、神の栄光を見るだろうとあなたに言っておいたではないか？」イエスはそれから、「ラザルスよ、出て来なさい」と大きな声で呼ぶ。ヨハネによる福音書はこう続いている――「死んでいたひとが、手と足を亜麻布の帯で巻かれたまま、眼のまわりを布で覆って、出て来た」。

ボウイに戻れば、非常に印象的なのはラザルスの両眼を覆う布であり、これはボウイが「ブラックスター」と「ラザルス」のヴィデオの両方で表現されている姿である。ラザルスは冥界へと下り、埋葬用の布に包まれ、両眼を覆われたまま、生へと連れ戻された人物である。「ラザルス」のヴィデオでは、ボウイはベッドから浮遊し、立ち上がらされ、蘇生されたように表わされているが、他方では魔物のような若い女の人影がベッドの下に身を潜めている。

聖書のこの場面でラザルスは話さない。ヨハネによる福音書は「屍衣を脱がせ、行かせなさい」というイエスの最後の言葉で唐突に話を終えている。ラザルスは「どうも、また生きていますよ。ほんとうにありがとう、救世主さん」とは言わないのだ。彼は感謝のあまり泣き出すこともなければ、いかなる感情を漏らすこともない。彼はただ、ふたたび姿を現わして、どこかに行くことを許されるだけである。誰もラザルスに、あなたはほんとうに墓のなかから帰ってきたかったのですか、とは尋ねなかったし、彼は姉妹たちのもとに戻ってとくに幸せであるようには見えない。たぶん、彼は死んでいたときのほうがもっと幸せだったのだろう。

興味深いことに、ニック・ケイヴが二〇〇八年の「掘れ《ディグ》、ラザルス、掘る《ディグ》んだ！」でこのテーマに取り組んでおり、この曲もまたニューヨーク・シティを舞台にしている。ケイヴはラザルスについて、こう歌う——

つまりその、あいつ、あいつはけっして墓から甦らせてくれと頼んだ
　わけじゃないんだ
つまり、ほんとうは誰もけっしてあいつに夢を捨て去れと頼んだりは
　しなかったのさ。

復活ののち、ラザルス（ないしラリー、これはケイヴによるうまい表現だ）の行動
の仕方はだんだんノイローゼ的で節度を欠いたものになってゆき、

あいつの末路は、あいつらの多くと同じく、ニューヨーク・シティの
　しゃばに逆戻り
配給スープの行列に並ぶ、ヤク中になり、奴隷になり、やがて刑務所、
　やがて精神病院、やがて墓

ああ、哀れなラリー。

けれど、実際俺たちは死者について何を知っているのか？　それに誰が

ほんとうに気にかけているのか？

たぶん、ラザルスとはイエスの救世主としての資格を証明する英雄的な復活のストーリーではなく、ほんとうはまったく望んでいなかったのに生に引き戻されてしまった或る人物の悲しいお話なのである。ボウイの「ラザルス」は、生への帰還のストーリーというよりはむしろ、失われた愛をめぐる嘆き、世界からの根本的な隔離、中毒や精神病の虜《とりこ》となる一方で、死ぬことのできぬ無力さの承認なのである。

それでは、ボウイはラザルスという人物像によって何をわたしたちに告げて

いるのだろうか？　彼が「哀れなラリー」であるということだろうか？　正直に言って、わたしにはまったくわからない。それに実際のところ、わたしたちが死者の何を知っていようか？　聖書のラザルスは生と死のあいだの空間を占め、同時に両方の世界に属し、かつ、いずれにも属していない。彼は死んでいると同時に死んでいない。ニュートンのキャラクターをあらためて考えてみると——そして舞台作品のネーミングはこの場合まず偶然ではありえないが——、彼もまた明らかにラザルス的な人物であり、死ぬことができず、しかしまた、彼につきまとい、その心を引き裂く過去の亡霊や失われた愛ゆえに、生きることもできない。

ボウイはラザルスなのか？　わたしたちにさようならを言うために、彼がこの最後の分身《ペルソナ》を用いることを選んだ理由がこれなのだろうか？　そして、死ぬことができないラザルスというキャラクターを選んだことで、彼はまさにさようならを言っているのだろうか？　瞠目すべきカフカの短篇「狩人グラフス」を思い出す。この狩人は故郷の黒森地方《シュヴァルツヴァルト》でアルプスかもしかを追いかけていた折り、崖から転落して死ぬ。それから死の舟が彼を乗せて冥界への長い旅路《たびじ》に出るのだが、船頭が愚かにも進路を間違え、グラフスはその後、朽ちかけた、ラザルスに似た屍衣を身にまとい、港から港へといたずらに漂流しながら、一五〇〇年間を過ごす定めとなったのである。「生きるのが楽しかったし、死ぬのも楽しかった」とグラフスは言う。

グラフス、ラザルス、ニュートンは皆、生きることも死ぬこともできない人物たちである。彼らが占めるのは生者と死者のあいだの空間、煉獄的な亡霊や幻影たちの国である。おそらくボウイは、彼もまた生と死のあいだの空間に身を置いていること、彼のアートはこれら二つの領域、これら二つの世界のあいだを、いずれにも完全には属すことなしに、絶えず移動していることを告げているのである。ボウイは死んでおり、死んでいない。そしておそらくつねにそうだったのだ……。

シーラ、お辞儀をして《テイク・ア・ボウ》

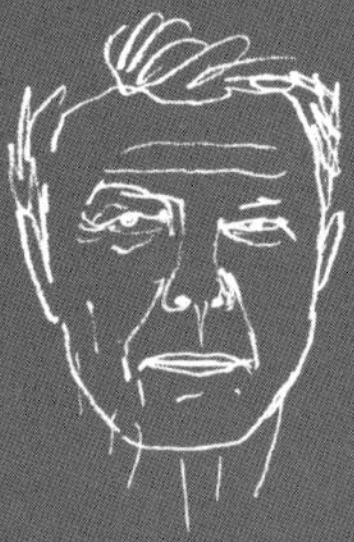

わたしはこの書物を始めた場所で終えたい——わたしの母、シーラ・パトリシア・クリッチリーとともに（この章のタイトルにある「お辞儀をする《テイク・ア・ボウ》」は、劇場で拍手喝采に応える身振りのこと。「ボウ（bow）」は「ボウイ（Bowie）」を暗示する。また、「シーラ、テイク・ア・ボウ」はザ・スミスの曲名で、ボウイの「変人たち《クークス》」に依拠したフレーズを歌詞に含む）。わたしがはじめてボウイを一九七二年の「トップ・オヴ・ザ・ポップス」で見たのは母とだったし、彼女がわたしに「スターマン」のレコードを一枚買ってくれたのだった。彼女はわたしをボウイへと導き、そして正直に言えば、ボウイはわたしたちが、さほど黄金の年月《ゴールデン・イヤーズ》とは言えない彼女の老後にずっと、ほんとうに語り合うことのできた数少ない話題のひとつだった。

わたしの母は二〇一五年十二月五日に亡くなった。詳細には立ち入りたくない。ひとは悲しみの痛みについて、あらゆるたぐいのまったく愚にも付かぬことを口にする。彼女が亡くなったあとのあの数日から数週間におけるわたしの感情はただたんに、ずきずきした痛みの感覚や、眠ることはもちろん、気持ちが集中できない無力さにとどまるものではなく、時が流れるのをやめてしまったという、とてもはっきりとした、とても醒めた心境だった。時間はどういうわけかまさに止まってしまい、ちょっとでも動いたり変化したりしようとはしなかった。わたしはその網目のなかに囚われてしまったように感じた。もちろん、わたしは『アラディン・セイン』の〔「時間《タイム》」の〕ボウイのあの言葉を思った――時間の「台本はきみとぼくだよ……彼は娼婦のようにしなう……彼の仕掛《トリック》けはきみとぼくだよ」。

わたしの母が亡くなったのちの数週間、限られた集中力が許す範囲で、わたしは悲しみについて読み漁った。しかし、わたしが感じていたことに触れているように思えた唯一の人物は、息子の死が及ぼした影響について一種の断続的な記録《クロニクル》を書いている、イングランドの詩人デニース・ライリーだけだった(『生きられた時間、流れることなしの』)。それは、はかりしれぬほどの悲しみを感じているとか、一連のはっきり区分された段階をもつ或る種の喪の過程に没頭している、といったことですらなかった。わたしの母が亡くなったのち、わたしが感じていたのは、時間のリアリティをめぐる、とても明瞭な、ほとんど瞑想的な心境であり、それはその瞬間にどうしようもなく固定されてしまった状態で、時が過ぎてほしいとひたすら願っているというものだった。瞑想状態はわたしの頭のなかにあるのではなかった。それは臓腑に関わっていた。肉体そのものに宿っていたのである。

死者はわたしたちに、わたしたちが挿入されているこの現在の瞬間を理解させてくれる。わたしたちは現在に埋め込まれており、そのことはけっして変わりようがない。その日をつかめ《カルペ・ディエム》と言うことはナンセンスだ。なぜなら、つかめるような日などないのだから。時がわたしたちをすでにつかんでいる。そして、時が流れを失ってしまったというこのとても肉体的な感覚は、恐れやおののきにおいてではなく、ライリーが「結晶のような単純さ」と呼んでいるものとともに生きられるのである。近しい者との死別以前には、わたしたちは時のなかをともかくもただひたすら漂っている——ほとんどその動きに気づくことなく、時間を吸ったり吐いたりしながら。やがて死がわたしたちの世界に入り込み、時が止まる。

ライリーはこう書いている――この感覚は「あなたが想像していたかもしれないような〈喪〉とは何の関係もない。あなたが直接感じ取れる時間の直接感じ取れる流れが突然すべて流れ尽くしてしまう。いまあなたが生きているのは、明るくかつ乾燥した大気の、影のない明瞭さのうちである」。

現在がすり潰されて停止し、過去があなたの足もとで引きずられるがままに立ち去ろうとはせず、では、未来はどうなのか？　未来に関する何らかの感覚なしに、ものを書くことに関心を抱くことはできない、とライリーは指摘している。近しい者の死の内部深くにいて身動きの取れない状態では、いかなる未来も存在しないように見える。結果として、母が亡くなったあと、わたしは執筆に関心を覚えなかった。わたしには書くべき点がわからなかった。母の死に続いた数週間はわたしの人生でもっとも長いものだった。しかしわたしはまた、何が起きたのかについて考えたり、わずかばかりの陳腐なことやつまらぬことを除いては、それについて言葉を発したりすることができなかった。わたしは言葉を失った、心の底からの麻痺状態のなかにあって、身動きが取れなかった。

そのあと、ボウイが亡くなった。二〇一六年一月十一日の朝、わたしのメールの受信箱は彼の死について話したり書いたりしてほしいという依頼でいっぱいだった。当初は混乱し反発したものの、わたしはそこに身を投じることを唐突に決断した。それが何から何まで楽しかったとは言えないけれど（それはむしろ歯を抜くような苦行に近かった）、わたしはボウイの死以降の数週間を、ボウイ・ファンの旧友たちに向けて書いたり話したりすることと、大勢の素晴らしい新しいボウイ・ファンの友人たちを作ることに費やしてきた。突然誰もが悲しみに暮れており、いささか病んだかたちではあれ、そのことはわたしの救いとなった。ボウイの死は母について語ることができない無力さからわたしを解き放った。言葉が口を衝くように出てき始めた。そしていま、わたしはこうした文章を書いている。彼をめぐるものであることによって、これらの言葉は何らかのかたちで彼女をめぐるものだった。何と言えばいいだろう？　それが救いになったのである。最後にもう一度、わたしはデヴィッドにこの別れの贈り物について感謝したいと思う。

わたしたちはボウイを行かせなければならない。死へと、そして、生へと。

感謝の言葉

この小さな書物を作ることをこれほど楽しいプロセスにしてくれた才能ある人びと全員に感謝したい——ジョン・オークズ、エミリー・フライヤー、ナターシャ・ルイス、アレックス・ナン、ジャスティン・ハンフリーズ、そしてとりわけ、コートニー・アンドゥハーの見事なブック・デザインに。この本のアイディアは、リヴァプール・フットボール・クラブをめぐってコリン・ロビンソンと交わした、ほかの点では熱中した会話の狭間の一時的な小休止に生まれた。ありがとう、コリン。YNWA〔リヴァプールFCの応援歌「きみはひとりぼっちじゃない（You'll Never Walk Alone）」の略称〕。

ボウイについて、しばしばうっかり何ごとかを語ってくれた、以下に挙げる人びとに感謝する。わたしはそれらからひらめきを得たり、そっくりそのまま頂戴したりした——キース・アンセル＝ピアソン、ダン・フランク、ジョナサン・レセム、ティム・マーシャル、ジェームス・ミラー、シーナ・ナジャフィ、マリア・ポエル、ジョン・シモンズ、アン・ザウナー。ボウイの死後、最後の数章を書くためのアイディアを多くの人びとが提供してくれた。該当するひとにはわかってもらえると思う。とりわけ、アンソニー・ダウニー、ティム・マーシャル、クリスチャン・マスビェア、リック・ムーディ、ベン・ラットリフ、アリ・ブレイバーマン、ピーター・カタパーノ、マリッサ・ブロストフ、ヨハンナ・オクサラ、そして、ジゼル・ロークに感謝したい。

わたしのエージェントであるネモニー・クレイヴンには、本書の形態についていくつかとても重要な意見を述べてくれたことに対して感謝したい。息子のエドワード・クリッチリーにはその愛情とサポート（それと最高の飲み仲間であること）に対して感謝したい。最後に、ジェイミーソン・ウェブスターに感謝したい。彼女はその理由をわかっている。

本書をイングランドにいる姉スーザンとわたしの家族に捧げる。

日本語版へのメッセージ

日本はデヴィッド・ボウイの心と作品のなかでとても重要な場所を占めていた。それゆえ、ボウイに関するわたしの小著が日本語で出版されるのを眼にすることには格別の喜びがある。訳者と出版社に感謝する。三島の著作や山本寛斎の衣裳デザイン、あるいは鋤田正義による写真のいずれを考えてみても、ボウイの大きな部分をかたちづくっていたのは、日本的美意識から彼が感覚的に受け取ったものだった。その片鱗は一九七九年のインストゥルメンタル曲「クリスタル・ジャパン」のうちに聞き取ることができよう。これはもともとアルバム『スケアリー・モンスターズ』の最後に置かれるはずだった曲である。日本にはボウイのファンがとても大勢いることをわたしは知っている。わたしが心から願うのは、この書物の言葉がそのうちの何人かと共鳴しうるものであること、そして、わたしにとって過去五十年間でもっとも重要なアーティストだった人物を正当に評価しうるものであることだ——すなわち、デヴィッド・ボウイを、である。

ニューヨーク、二〇一七年十二月

サイモン・クリッチリー

訳者あとがき

「ボウイのアルバムのような書物を書きたい」と、ひそかに思い続けてきた。

著者クリッチリー氏はこの本で、わたしのそんなあこがれを達成している――しかも、デヴィッド・ボウイそのひとを論じることによって。ひとつひとつの章は短く、それこそボウイの歌一曲を聴くうちに読み進められそうだけれど、そんなほんのちょっとしたあいだに、ボウイの音楽をめぐる自分の記憶や感情を揺さぶられる閃光のような瞬間が幾度もあった。これは国際的に知られた哲学者によるボウイ論であり、高度に知的で刺激的な分析を繰り広げながら、音楽のビートのように肉体でじかに感じ取られるスリリングな緊張を孕んでいる。この翻訳が本書のそうした魅力を伝えるものであることを願う。

誤解のないようにまず述べておけば、これはボウイの評伝ではない。本書のもとになった『ボウイ』初版をめぐるインタヴューで、執筆の動機を尋ねられた著者は、聞き手である友人の哲学者キース・アンセル＝ピアソンに対し、次のように答えている——

「『ボウイ』におけるわたしの目的はとてもシンプルだ。音楽ジャーナリズムでも、通俗心理学でも、伝記や安っぽい社会史でもない仕方で、ボウイのアートを正当に論じられる概念を見つけることだ。ポップ・カルチャーの巨大な重要性を正当に認め、それを正しく叙述し尊ぶ言語を、わたしたちはまだもっていないのだと思う。わたしにとって、そして、ほかの数百万の人びとにとって、世界はまずポップ・ミュージックを通し、とくにボウイの音楽を通して、さまざまな可能性の束となって現われた。ボウイは過去六十年間における唯一無二の最重要なアーティストであって、誰かがまさにそのことを表明し、彼の歌がこの主張をどのように正当化するかを説明しなければならない。それこそ、わたしがこの本で試みていることだ。」（"BOWIE: Everything and Nothing". In: David Bowie Wonderworld. 11 Sept. 2014. Web.）

ここで述べられているような概念——本書によれば、たとえば「無《ナシング》」——を見出し、それによってボウイのアートをその重要性にふさわしい仕方で論じるという仕事に、著者は哲学者として取り組んだ。しかし本書は、客観的であろうとするあまりに無味乾燥だったり、先行研究を事細かに参照するがゆえにまだるっこしかったりする学術論文ではない。著者はボウイを聴き続けてきたみずからの経験からこそ語るのだし、才気あふれるその文体は問題の核心に向けてはるかに迅速なのである。ボウイ体験が著者にとって決定的なものであったがゆえに、本書は著者の人生の記録ともなっている。パーソナルな事柄に関する記述も多い。だがそのことはこの書物を私的な次元にとどめてしまうのではなく、むしろ逆に、ボウイの音楽それ自体に通じる普遍性を本書に与えている。

そしてそれは、ボウイのおかげで著者がいわば血肉化した、人間の生と死をめぐる哲学でもあるだろう。哲学者としての著者を知る読者ならば、ハイデガーやデリダを論じた彼の思想との共通点を随所に見出すはずである。著者がこれまでに書いてきた書物のテーマ、とくに死、自殺、ハムレットの人物像、ウォレス・スティーヴンズの詩などとの関連も深い。キケロが述べたように「哲学をすることは死ぬことを学ぶことである」とすれば、ボウイの死をめぐる本書末尾の数章は、邦訳もある著書『死せる哲学者たちの書』に付け加えられるべき哲学的考察にほかなるまい。ことほど左様に、本書には著者の哲学のエッセンスが凝縮されている。

著者による分析の主たる対象はボウイの歌詞である。しかしそれは、かつてロック・ミュージシャンを目指したこともある著者の音楽的理解に裏づけられている。聴く者ひとりひとりの臓腑に達して肉体的な官能を喚起する音楽の力が本書で見失われることはない。そのうえでさらに、ボウイによる歌詞の含意が、ビューヒナーからツェラン、ベケット、スティーヴンズ、カフカにいたる文学作品との関連のもとに探られてゆくのである。ボウイと同じイングランド出身である著者の解釈は、地域的および時代的背景や言葉の微妙なニュアンスの理解において、英語を母語としない——ともすれば、歌詞の意味をないがしろにしがちな——わたしのようなボウイの聴き手にとって、大変啓発的なものであることは間違いない。

訳者であるわたし自身は著者と生年月日(一九六〇年二月二十七日)まで一致している完全な同世代のためもあり、生まれ育って暮らした環境が英国と日本で異なっていたとはいえ、ボウイに対する著者のおりおりの——ときに屈折した——感情がしばしば痛いほどによくわかる。だがまた、本書はボウイの音楽が世代と地域を越えて多くの人びとに訴えかける魅力の秘密に触れる洞察に満ちているとも信じている。そしていま、わたしがとりわけ共感を覚えるものは、本書の根底に流れる、ボウイに対する著者の静かで深い感謝と敬意、そして何よりも、愛《あこがれ》にほかならない。

このボウイ論の英語版原著には現在、次の二つのヴァージョンがある。

Simon Critchley, *On Bowie* London: Serpent's Tail, 2016.

Simon Critchley, *Bowie* New York and London: OR Books, 2016.

後者は二〇一四年に同じ書肆から刊行された書籍の増補改訂版だが、前者とは若干の異同がある。本訳書は著者からの指示にもとづき、最新の内容である前者を底本とした。

本訳書の表記法について、ここで説明を加えておきたい。

ボウイのアルバム名については、わかりやすさを考えて通称と思われるものを採用し、二重括弧で『ダイアモンド・ドッグス』のように表わした。通称と見なしたものの多くは原題の音写であり、日本でのアルバム発売時の名称（たとえば『英雄夢語り（ヒーローズ）』）とは必ずしも一致しない。他方、曲名については歌詞の一部と考え、原則として日本語に訳し、

「灰《アッシェズ・トゥ・アッシェズ》は灰に」のように原題の音写をルビで示した（ただし、原題に複数の意味が重ねられている「ステイション・トゥ・ステイション」など、ひとつの日本語訳に絞り込めない場合には音写のみとしている）。原文でイタリック体になっているドイツ語やフランス語などは、日本語に訳したうえで音写をルビで記した。強調の意のイタリック体は傍点で表現している。

ボウイの歌詞は原著で引用された状態を尊重して訳しており、行替えや句読点もそれに準じている。基本的にすべて拙訳だが、既刊の訳詩集やアルバムのCDに附属する冊子掲載の日本語訳を適宜参考にした。これらの歌詞は、ボウイがときに分身《ペルソナ》を演じながら歌うことを前提にしているため、日本語に翻訳するにあたっては「I」をどう訳すかが曲ごとに問題とならざるをえない。本書では、一番ニュートラルと思われる「わたし」を基本としつつ、歌詞の内容のほか、歌が作られた当時のボウイの年齢なども勘案したうえで、もっとも自然と思われるものを選んだ。なお、ボウイ以外の著者のテクストについて既訳を用いた場合には、巻末の「歌詞ほか引用作品（作者）一覧」にその訳書を挙げている（ただし、本書の文脈に即し、表記などを変えたものがあることをお断わりしておく）。

原著には一か所を除いて註が存在しない。本書の訳註（言葉の補足を含む）についても、日本の読者にとくにわかりにくいであろう箇所に絞って最小限にとどめ、亀甲括弧〔 〕内に挿入した（亀甲括弧は、「何ものにもすがらない〔＝無を堅持する〕」のように、同一の文の異なる訳を示すためにも用いている）。人名について詳しく註記することもいったんは考えたが、思考のスピードや無造作で身軽なたたずまいといった本書の持ち味を殺ぐように思われてやめた。著者が参照しているボウイ論などの文献に関しては、「歌詞ほか引用作品（作者）一覧」に挙げ、書誌情報を記している。

本書では著者が明示的・暗示的に引用しているボウイの歌詞について、部分的に音写をルビで表わしている場合がある。これは耳で記憶している原詞の響きをそこに甦らせるためである（英語を母語としない者には、ボウイの歌を意味から比較的自由な、純粋な声として享受し記憶できる一種の利点があったようにも思う）。これに関連して、著者クリッチリー氏はインターネット上でボウイの歌のプレイリストを公開している（London Review Bookshop のサイト内、“Simon Critchley on David Bowie: A Playlist”）。「スターマン」から「ラザルス」にいたるこのプレイリストを著者は本書の「サウンドトラック」と呼び――ボウイの音楽が著者の人生のサウンドトラックであったように――、読者がもし本を読みながら歌えるならば是非そうしてほしい、と勧めている。なお、わたし自身もまた、より網羅的なプレイリストを作成・公開している（本書カヴァーの袖（折り込み部分）にQRコードを表示）。これらのプレイリストの曲をひと通り聴いてから、あるいは、聴きながら本書を読むことによって、声や音の記憶も鮮やかに、紙面の背後から「サウンドトラック」が聞こえてくるだろうし、引用されている歌詞をおのずと口ずさむこともあるに違いない。本書をきっかけとしてそんなふうに、ボウイの歌が読者にとってよりいっそう身近な同伴者になれば幸いである。

この場を借りて、訳者としての感謝の言葉を記しておきたい。

日本の読者への温かいメッセージを寄せてくださった著者サイモン・クリッチリー氏に心からの感謝を捧げる。ボウイとも縁の深い日本で、クリッチリー氏のこの著書が広く読まれることを願ってやまない。クリッチリー氏はまた、訳者の質問にも快くお答えいただいた。世界各国で訳されている本書だが、この日本語版はとりわけ意義深いものになるのではないかと自負している。同じ研究者としては、いずれ英語によるボウイ論をクリッチリー氏にお届けしたいと考えている。

著者のメッセージにもあるように、長年にわたってボウイを撮影された鋤田正義氏の写真は、ボウイがみずからの美意識をかたちづくるうえで大きな影響を受けた存在のひとつに違いない。本書の扉へのポートレート写真の使用を快諾していただいた鋤田氏に、このうえない感謝の念をお伝えしたいと思う。

本書に対し、坂本龍一氏からご推薦を頂戴したことは望外の喜びである。生前のボウイをよく知るとともに、ご自身が同時代を生きた傑出した音楽家でもある坂本氏のお言葉をとても重く受け止めている。深謝の気持ちをここに記すことによって御礼とさせていただく。

とくにハイデガーに関連する記述を中心に校閲をお願いした、クリッチリー氏の著作の訳書もある串田純一さんに謝意を表したい。たまたま長年の知己である串田さんのご指摘のおかげで、原文の哲学的含意をより明確に訳文に反映させることができた。

造本を祖父江慎さんにお願いできたことは、この書物にとって大変な僥倖だったと思う。深く感謝したい。原著に用いられているエリック・ハンソン氏の味のあるイラストと祖父江さんのデザインが生む相乗効果によって、本書は内容に真にふさわしい体裁を得たのではないだろうか。

担当編集者である清水檀さんとは、雑誌『ロッキング・オン』を介した縁で、学生時代から旧知の間柄である。この仕事をわたしに依頼してくださったうえ、自分が翻訳を手がけることにためらいがあったわたしの背中を押していただき、訳文ほかについて詳細なアドヴァイスと強く鼓舞される励ましの言葉を幾度も頂戴した。そのご厚情に対しては、もはや御礼の言葉もないほどである。

本書で著者は、展覧会『デヴィッド・ボウイ・イズ』を訪れたときの経験について語っている。ボウイのライヴ映像が大きく映し出された最後の部屋で、最終曲「ロックンロールの自殺者」を見終え、照明が明るくなったあとの会場の幸福感に包まれた雰囲気を綴ったのち、著者の語りはボウイの歌詞を引用符抜きでリフレインしている――ああ、いや違うんだ、いとしいひと、きみはひとりじゃない。本書を訳しながら、こんなふうにボウイの歌詞を口ずさむ著者の言葉を、訳者であるわたしもまた、まるで自分自身の言葉であるかのように口ずさんでいることに気づいた。三人の声が重なるように思えた。それがファンタジーであることはよくわかってはいるけれど、それでも一瞬はそのことが信じられた。本書を翻訳する作業には、そんな瞬間を経験するという喜びがあった。
この訳書を通じて、読者の声もまた、そこに加わってもらえることを願っている。

二〇一七年十一月二十日

田中　純

太陽、雨、火、わたし、あなた
「わたしたちはいまどこにいるのか?(Where Are We Now?)」(デヴィッド・ボウイ)

ノーと言いながらイエスを意味する
「ブラックスター(Blackstar)」、「日曜(Sunday)」、「結局は(After All)」、「「ヒーローズ」('Heroes')」、「わたしはすべてを与えきることはできない(I Can't Give Everything Away)」、「ロックンロールの自殺者(Rock 'n' Roll Suicide)」、「特売の日々(Dollar Days)」(デヴィッド・ボウイ)

月曜《マンデイ》はいったいどこに行った?

「あなたは死にたいほどの寂しさを味わう(You Feel So Lonely You Could Die)」、「特売の日々(Dollar Days)」、「ガール・ラヴズ・ミー(Girl Loves Me)」、「ラザルス(Lazarus)」(デヴィッド・ボウイ)

ラザルス、ニュートン、グラフス
「掘れ、ラザルス、掘るんだ!(Dig, Lazarus, Dig!)」(ニック・ケイヴ)
「狩人グラフス(Der Jäger Gracchus)」(フランツ・カフカ)〔邦訳:池内紀訳、池内紀編訳『カフカ短篇集』所収、岩波文庫、1987〕

シーラ、お辞儀《テイク・ア・ボウ》をして
「時間(Time)」(デヴィッド・ボウイ)
『生きられた時間、流れることなしの(Time Lived, Without its Flow)』(デニース・ライリー)〔Denise Riley, *Time Lived, Without its Flow*. London: Capsule Editions, 2012〕

あこがれ

「サウンド・アンド・ヴィジョン(Sound and Vision)」、「妻になって(Be My Wife)」、「ステイション・トゥ・ステイション(Station to Station)」、「「ヒーローズ」(‘Heroes’)」、「レッツ・ダンス(Let’s Dance)」、「失神(Blackout)」、「5:15 天使たちは去った(5:15 The Angels Have Gone)」、「まったくの初心者たち(Absolute Beginners)」、「生き残ること(Survive)」(デヴィッド・ボウイ)
『ロウ(Low)』(ヒューゴ・ウィルケン)〔Hugo Wilcken, *Low*. New York and London: Bloomsbury, 2005〕

あなたはわたしから去ってゆくと言う《ユー・セイ・ユール・リーヴ・ミー》

「異教徒(放射線)(Heathen (The Rays))」、「リアリティ(Reality)」(デヴィッド・ボウイ)

リアリティに見切りをつける

「リアリティ(Reality)」(デヴィッド・ボウイ)
『ワット(Watt)』(サミュエル・ベケット)〔邦訳:高橋康也訳、白水社、2001〕
『サウンド・オン・サウンド(Sound on Sound)』誌のデヴィッド・ボウイ関連記事

神の墓のうえで遊ぶ

「円軌道の幅(The Width of a Circle)」(デヴィッド・ボウイ)
「七(Seven)」(デヴィッド・ボウイ、リーヴス・ガブレルス)
「言葉を一翼に載せて(Word on a Wing)」、「ノー・コントロール(No Control)」、「ゆっくりと燃える(Slow Burn)」、「ザ・ネクスト・デイ(The Next Day)」(デヴィッド・ボウイ)

恐れなしに〔=恐るべき無〕

「日曜(Sunday)」(デヴィッド・ボウイ)
「日曜の朝(Sunday Morning)」(ウォレス・スティーヴンズ)〔邦訳:川本皓嗣訳、亀井俊介・川本皓嗣編『アメリカ名詩選』所収、岩波文庫、1993〕

ディストピア——ここで手に入るもの《ゲット・イット・ヒア、シング》

「ああ、愛しきものたち(Oh! You Pretty Things)」、「ドライヴ・インの土曜日(Drive-In Saturday)」、「ダイアモンドの犬たち(Diamond Dogs)」、「未来の伝説(Future Legend)」(デヴィッド・ボウイ)
『世界を売った男——デヴィッド・ボウイと1970年代(The Man Who Sold the World: David Bowie and the 1970s)』(ピーター・ドゲット)
〔Peter Doggett, *The Man Who Sold the World: David Bowie and the 1970s*. London: Vintage, 2012, p.10〕

編み物をする女たち《レ・トリコトゥーズ》

「甘美なもの(Sweet Thing)」、「すべての狂える者たち(All the Madmen)」、「候補者(Candidate)」(デヴィッド・ボウイ)

不条理なものの威厳

『ダントンの死(Dantons Tod)』(ゲオルク・ビューヒナー)〔邦訳:岩淵達治訳、『ヴォイツェク ダントンの死 レンツ』所収、岩波文庫、2006〕
「子午線(Der Meridian)」(パウル・ツェラン)〔邦訳:飯吉光夫訳、飯吉光夫編・『パウル・ツェラン詩文集』所収、白水社、2012〕
「これはゲームではない(It's No Game)」、「後ろ向きに丘を登る(Up the Hill Backwards)」(デヴィッド・ボウイ)

幻は幻に

「すべての若き野郎ども(All the Young Dudes)」、「サウンド・アンド・ヴィジョン(Sound and Vision)」(デヴィッド・ボウイ)

ディシプリン

『世界を売った男——デヴィッド・ボウイと1970年代(The Man Who Sold the World: David Bowie and the 1970s)』(ピーター・ドゲット)
「わたしには読めない(I Can't Read)」(デヴィッド・ボウイ、リーヴス・ガブレルス)

アートのみだらな《フィルシー》レッスン

「アンディ・ウォーホル（Andy Warhol）」、「火星の生活？（Life on Mars?）」、「流砂（Quicksand）」、「五年間（Five Years）」（デヴィッド・ボウイ）
「アラビアの秘められた生（The Secret Life of Arabia）」（デヴィッド・ボウイ、ブライアン・イーノ、カルロス・アロマー）
「候補者（Candidate）」（デヴィッド・ボウイ）

ワンダフル

「ロックンロールの自殺者（Rock 'n' Roll Suicide）」（デヴィッド・ボウイ）

ハイデガー流の退屈論で退屈にさせるわたし

「変化（Changes）」（デヴィッド・ボウイ）

ユートピア的な何か

『ザ・コンプリート・デヴィッド・ボウイ（The Complete David Bowie）』（ニコラス・ペッグ）〔Nicholas Pegg, *The Complete David Bowie*. New Edition: Expanded and Updated. London: Titan Books, 2016, p.302〕

見者《シーア》は虚言者《ライア》である

「熱（Heat）」、「流砂（Quicksand）」（デヴィッド・ボウイ）

無を堅持すること〔＝何ものにもすがらぬこと〕

「反抗、反抗（Rebel, Rebel）」、「超人たち（The Supermen）」、「結局は（After All）」（デヴィッド・ボウイ）
「「ヒーローズ」（'Heroes'）」（デヴィッド・ボウイ、ブライアン・イーノ）

宇宙空間のハムレット

「宇宙空間の奇人（Space Oddity）」、「灰は灰に（Ashes to Ashes）」（デヴィッド・ボウイ）
『ザ・コンプリート・デヴィッド・ボウイ（The Complete David Bowie）』（ニコラス・ペッグ）〔Pegg, *The Complete David Bowie*, p.256〕

サイモン・クリッチリー（Simon Critchley） 1960年生まれ。哲学者。現在、ニューヨークにあるニュースクール・フォー・ソーシャル・リサーチ哲学科教授。哲学者ハンス・ヨナスを記念した「ハンス・ヨナス・プロフェッサー」の名誉称号をもつ。著書に、『ヨーロッパ大陸の哲学』（2001）〔邦訳：『ヨーロッパ大陸の哲学』、佐藤透訳、岩波書店、2004〕、『とても少なく……ほとんど無──死、哲学、文学』（第二版、2004）、『際限なき要求──コミットメントの倫理、レジスタンスの政治』（2007）、『死せる哲学者たちの書』（2008）〔邦訳：『哲学者たちの死に方』、杉本隆久・國領佳樹訳、河出書房新社、2009〕、『ハイデガー『存在と時間』を読む』（ライナー・シュールマンとの共著、2008）〔邦訳：串田純一訳、法政大学出版局、2017〕、『信ぜざる者の信仰──政治神学の実験』（2012）、『自殺についてのノート』（2015）、『サッカーについて考えているとき、わたしたちが考えていること』（2017）などのほか、小説『記憶劇場』（2014）がある。『ニューヨーク・タイムズ』で哲学コラムのフォーラム「ザ・ストーン」を運営。無名の音楽バンド「クリッチリー＆シモンズ」の片割れ。

田中 純（たなか・じゅん） 1960年生まれ。東京大学大学院総合文化研究科教授。イメージ論・思想史。博士（学術）。2010年、フィリップ・フランツ・フォン・ジーボルト賞受賞。著書に、『アビ・ヴァールブルク　記憶の迷宮』（青土社、2001／新装版：2011、第24回サントリー学芸賞受賞）、『死者たちの都市へ』（青土社、2004）、『都市の詩学──場所の記憶と徴候』（東京大学出版会、2007、第58回芸術選奨文部科学大臣新人賞受賞）、『政治の美学──権力と表象』（東京大学出版会、2008、第63回毎日出版文化賞受賞／「自殺するロックンロール──デヴィッド・ボウイにおけるロック・イデオロギー」所収）、『冥府の建築家──ジルベール・クラヴェル伝』（みすず書房、2012）、『過去に触れる──歴史経験・写真・サスペンス』（羽鳥書店、2016）、『歴史の地震計──アビ・ヴァールブルク「ムネモシュネ・アトラス」論』（東京大学出版会、2017）など。Twitter IDは@tanajun009。現在、ボウイについて書き下ろしの著書を準備中（岩波書店より刊行予定）。

新曜社

ボウイ　その生と死に

初版第1刷発行　2017年12月25日

著　者　サイモン・クリッチリー
訳　者　田中　純
発行者　塩浦　暲
発行所　株式会社　新曜社
101-0051　東京都千代田区神田神保町 3-9
電話：(03)3264-4973　FAX(03)3239-2958
e-mail:info@shin-yo-sha.co.jp
URL:http://www.shin-yo-sha.co.jp/

本文デザイン・装丁　祖父江　慎＋cozfish
印　刷　星野精版印刷
製　本　イマヰ製本所

ISBN978-4-7885-1554-3 C0010

扉写真・撮影　鋤田正義　©Sukita
本文校正・校閲　十時由紀子